政策評価における
インパクト測定の意義

宮本幸平［著］

創 成 社

まえがき

　世界を震撼させたパンデミックは，現時点（令和6年）において，ようやく収束の兆しを見せている。これまで世界各国は，緊急の財政措置を講じ，懸命の努力によって未曾有の事態に対応してきた。わが国を見ても，低金利政策や金融緩和の継続によって資金供給量が増加し，長期の円安による輸出とインバウンド消費の増加と相まって，景気の下降が何とかくい止められている。

　このような状況下で，政府が目指すべきことは，財源の効率的配分，および国民の福祉向上である。これを達成するには，実施された政策の成果を"評価"したうえで，適切な予算を策定する必要がある。さらには，行政活動の結果を広く国民に開示して，説明責任を果たすべきである。

　こうした政策の評価，即ち「政策評価」につき，わが国の各府省では，「行政機関が行う政策の評価に関する法律」（平成14年）によって，制度として施行されている。特にそこでは，「目標管理型の政策評価」に重点が置かれ，事前分析表の作成，評価書の作成，および政策評価と行政事業レビューとの連携が進められている。

　さらに近年では，「政策評価」において，統計等を積極的に利用した「証拠に基づく政策立案」（Evidence-based Policy Making; EBPM）が提言されている。またその推進が，「経済財政運営と改革の基本方針　2022」（令和4年6月7日閣議決定）によって明らかにされている。そしてこれに沿い，岸田文雄総理より「行政事業レビュー」の見直しが指示されるに至っている。

　そこで本書は，わが国府省が施行する「政策評価」制度の現況と課題を明確にしたうえで，政策の「経済性」と「有効性」の評価に資する情報が如何なるものであるかを明らかにしていく。

　具体的には，予算が小規模な「事務事業」の「有効性」を評価するため，それらの「アウトカム」・「インパクト」の貨幣価値換算につき，どの様な方法を

用いれば達成できるかを，経済学理論を援用しながら考察する。同じく，「事務事業」の「経済性」を評価するのに有用となる「インプット」価額の情報，即ち「会計情報」につき，会計理論を援用しながら特定する。

　本書の出版にあたっては，神戸学院大学経営学会より資金面で多大なご支援を頂いた。厚く御礼を申し上げたい。

　また，株式会社創成社西田徹氏には大変御尽力を頂いた。ここで，深く感謝の意を表したい。

　最後に，本書の出版を快諾頂いた，株式会社創成社社長塚田尚寛氏をはじめとする社員の皆様に対して，こころより御礼を申し上げたい。

2024 年 1 月 25 日

宮本幸平

目　　次

序　章

研究の目的と構成

---

1 ── 研究の目的

　本研究では，わが国の中央政府（以下，"府省"と記す）が社会制度として実施する，「政策評価」[1] につき，現在の状況を概観・分析してその有用性を明らかにすると共に，"限界"とも言える内在問題点を明確にする。そのうえで，制度を一層有効なものとするため，当該問題点を克服できる実務的な枠組み，具体的な開示項目につき提示をする。

■ わが国府省の「政策評価」制度

　本研究の対象である，わが国府省の「政策評価」制度は，「行政機関が行う政策の評価に関する法律」（平成13年法律第86号，通称「政策評価法」）として制定され，平成14年4月に施行されている。制度の基本目的は，政策の評価の客観的・厳格な実施を推進しその結果の政策への適切な反映を図り，その諸活動につき国民に説明する責務を全うすることである（第1条）。

　「政策評価」の対象は，府省が実施する政策／施策／事務事業であり（総務省 [2017a]，11頁），「政策－施策－事務事業」の縦列体系で捉えられる（同上，11頁）。具体的な評価は，「事業評価方式」・「実績評価方式」・「総合評価方式」に類別された方式（方法）によって行われる（同上，13頁）。

　そして，三つの方式の中では，「実績評価方式」が特に重要とされている（「目標管理型の政策評価の実施に関するガイドライン」，2013年12月20日，各府省政策評価連絡会議）。「施策」の目標と実績との比較による目標達成度の評価がその眼目であり，制度において最重視されている（総務省［2016］，17頁）。

■ "ベンチマーキング" による「有効性」評価とその問題点

　そして，以上の様な特徴を持つ府省「政策評価」制度の基軸は，"ベンチマーキング" と呼ばれる実務手法と合致したものである。ベンチマーキングでは，政策／施策／事務事業に対し，「アウトプット」，即ち提供される財・サービス量の目標値を予め設定し，その実績値と対比することで，目標達成度（主に "%" で示される）の把握が目指される。そして，これが「アウトカム」の測定値となり，その多寡によって，政策／施策／事務事業の「有効性」（effectiveness）が評価される（東［2001］，106頁，中井［2005］，191頁）。

　ただし，ベンチマーキングによる「政策評価」の「有効性」評価には，重大な問題点が伏在する。上記のとおり，「アウトカム」の主要な数値は，「目標アウトカム」に対する「実績アウトカム」の割合である。そしてこの割合如何によって，政策／施策／事務事業の「有効性」が評価される。しかし，「目標アウトカム」の数値は，評価者の主観により設定される。さらには，どのレベルの目標達成度をもって "有効性があった" とするかも，評価者の主観に依らざるを得ない。こうした点が，政策／施策／事務事業の「有効性」における制約事項となる可能性がある[2]。

■ "文章" による「有効性」評価とその問題点

　この他にも，政策／施策／事務事業の「有効性」評価で問題となる点がある。現行の府省「政策評価」制度では，"文章" による評価結果の記載が主流となる（第2章で詳しく説明）。定量評価が可能である対象についても，"文章" による自己評価が多分に含まれている。

　勿論，政策担当者には専門知識や経験が十分にあり，当該者による評価が有

効であることは否定できない。しかし，"文章による自己評価"では，客観性の面で限界があることは明らかである。たとえ，政策の成果・効果が政策担当者にとって満足なものであっても，受益者も同様であるとは限らない。そこで，開示される項目において，文章による自己評価を減らさないかぎり，客観性が充足しない可能性が高まる。

■「EBPM」導入気運の高まり

こうした，「政策評価」制度の問題に関連し，「統計改革推進会議」（首相官邸主催）では，現行制度が"エピソード・ベース"の政策立案であることを注視している（「統計改革推進会議最終取りまとめ」平成 29 年 5 月，1 頁）。

そして同会議では，政策部門が統計データ等を積極的に利用することで"証拠に基づく政策立案"（Evidence-based Policy Making; EBPM）を進めるべきと提言がされている（同上，2 頁）。この「EBPM」は，政策手段と当該目的の論理的なつながりにつき，それを裏付けるデータ等の"エビデンス"を求めて明らかにすることで，政策の基本的枠組みを明確化するものである（内閣官房行政改革推進本部［2022］，19 頁）。これにより，機動的な政策の立案・修正が目指される（同上，18 頁）。

また，「政策評価審議会」（令和 4 年）では，「有効性」の観点を重視して政策の効果等を把握・分析する「効果検証」を，EBPM と共に推進すべきとしている（「デジタル時代にふさわしい政策形成・評価の実現のための具体的な方策に関する答申」令和 4 年 12 月）。「効果検証」とは，政策の「事後評価」において，統計的手法により「アウトカム」および「インパクト」を測定するものである（同上，18 頁）。

政府はこうした状況を受け，令和 4 年に，EBPM の推進によって効果的な政府支出を徹底していくことを明らかにし（「経済財政運営と改革の基本方針 2022」），岸田文雄総理より，「行政事業レビュー」の見直しが指示されている。そこでは，EBPM の手法を取入れ，効果的な政策立案を施行することが目標に掲げられている。そして，令和 5 年 4 月には，第 1 回・EBPM 推進委員会（会長・内閣官房副長官補）の開催に至っている。

■「費用便益分析」を用いた政策の「有効性」評価

　こうした，「EBPM」および「効果検証」の推進は，政策／施策／事務事業の成果（アウトカムおよびインパクト）につき，定量的把握による客観的評価を志向するものと言える。これに関連し，既に国土交通省などでは，ミクロ経済学の領域で確立された「費用便益分析」（Cost Benefit Analysis：CBA）を援用し，成果の貨幣価値換算が実施されている。

　具体的には，行政活動の成果（アウトカム）および変化（インパクト）につき，これを社会に生じた「便益」（benefit）に見立て，経済学理論に依拠して貨幣価額換算される [3]。当該数値は，自己評価と比べて客観性の確保が見込まれるもので，政策の「有効性」評価に役立つものとなる（GASB［1994］,par.4）。実際に国土交通省では，上述の「事業評価方式」において，CBA を用いた活動成果の貨幣価額（円）が算出され，政策の「有効性」の予測に利用されている。

　さらに，このCBA は，上記の「効果検証」においても，具体的な検証方法の一つに挙げられている（内閣官房行政改革推進本部［2022］,75頁）。CBA を援用し，政策の実施前と実施後の「アウトカム」の貨幣価値を比較することで，政策の「効果検証」が達成可能となるのである。

　ただし，当該導入にはハードルが存在する。それは，CBA による「便益」測定の対象につき，現行では道路や空港など，大規模な社会インフラに限定されることである。事務事業など，予算額が小規模なものには実施が及んでいない。もしも，CBA によって事務事業の「アウトカム」および「インパクト」が貨幣価値換算できれば，"ベンチマーキング"や"文章記述"による「有効性」評価に含まれた問題につき，その減衰を期待することができる。

■ NPO 法人で実践される「インパクト」の貨幣価値換算

　ここで，事務事業のように予算が小規模な活動の「アウトカム」・「インパクト」の貨幣価値換算については，NPO 法人（特定非営利活動法人）における同様の取り組みを参酌できる。近年，わが国の同法人において，活動の「インパクト」を貨幣価額で測定して外部に開示する動きが見られる。またそこでは，「イ

ンパクト」を「インプット」で除すことで「社会投資収益率」(Social Return on Invest; SROI) が算出され，それに基づいて事業の業績評価が行われている。

　そして，NPO における「インパクト」の貨幣価値換算は，上述の CBA を援用したものとされる（小関・馬場 [2016]，10 頁）。即ち，NPO 法人の活動で生じた成果である「インパクト」は，CBA の理論的枠組により算出された「便益」とは等価だと見なされている（Arvidson *et al.* [2012], p.6）。

■ 政府・事務事業の「インパクト」算出の可能性・妥当性

　そこで，予算が小規模である政府・事務事業の「インパクト」値算出につき，同じく小規模である NPO 法人の手法を援用できる可能性がある。事務事業の「アウトカム」・「インパクト」についても，CBA に依拠した算出が妥当性を持つかもしれない。

　そのため，①CBA の理論基礎を十分に把握し，②NPO 活動の「インパクト」値の算出プロセスを分析し，③当該値に含まれる理論的な問題点を顕現化すれば，それを勘案しつつ，政府・事務事業の「インパクト」値算出の枠組みを作ることができる。

■「インプット」値である「会計情報」を利用した「経済性」評価

　また，以上で述べた「アウトカム」・「インパクト」値とは別に，「インプット」値についても，「政策評価」において重要な役割を持つ。政策／施策／事務事業につき，求められる「アウトプット」に対して「インプット」の価額が少なければ，「経済性」のレベルが高いと評価される（宮本 [2013]，15 頁）。そして当該価額は，組織内で記録・測定される「会計情報」（ここでは「財務情報」と同義）によって主に把握される。

　ところが，現行の府省「政策評価」制度では，「会計情報」の記載が相対的に少ない（詳細は第 2 章で説明）。当該情報は，基準・規定および通説理論に依拠して測定されたものであり，一定の客観性が確保されている。それにもかかわらず，「政策評価」において開示されるのは，支出の予算額・執行額が主体である。

　そこで，政策の「インプット」の「経済性」を評価するには，如何なる「会計情報」を測定・開示すべきかの考察に意義を見出すことができる。

■「会計情報」を利用した「EBPM」の実施

　さらに，上述の「EBPM」において，「会計情報」を役立てることが可能である。「EBPM」は，統計データ等の"エビデンス"によってロジック（政策目的と手段の論理的つながり）を明確にし，政策の改善および立案に繋げるものである（詳細は第1章で説明）。

　そこにおいては，ロジックの構成要素である「インプット」値を設定するための"データ・ファクト"として，「会計情報」を利用することができる。ロジック・モデルにおける「インプット」は，実質的には予算額であるため，過去の実績を示すデータとしての「会計情報」の利用により，予算の適正な設定（見積り）が可能となる。

■ 本研究の目的

　本研究は，以上で述べた様に，府省「政策評価」制度の現況と課題を明確にしたうえで，政策の「有効性」評価に資する情報が如何なるものであるかを考察するのが目的である。

　より具体的には，予算が小規模な「事務事業」の「有効性」を評価するため，それらの「アウトカム」・「インパクト」の貨幣価値換算につき，どの様な方法を用いれば達成可能となるかを，経済学の理論を援用しながら考察する。

　また，「政策評価」において，政策の「経済性」を評価するのに有用となる，「インプット」価額の情報，即ち「会計情報」につき，会計学の理論を援用しながら特定する。

2 ── 研究の構成

そこで，本研究の全体構成（流れ）を示すと，図表1のようになる。

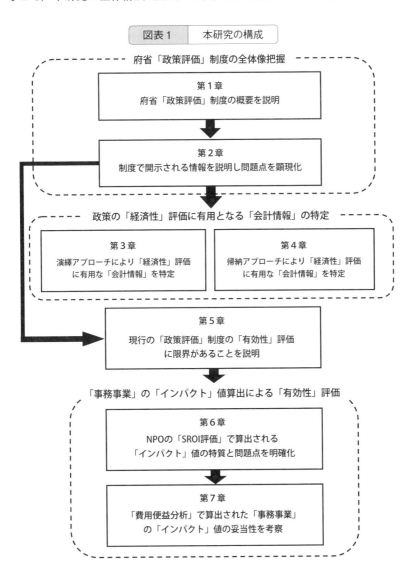

図表1　本研究の構成

府省「政策評価」制度の全体像把握

第1章
府省「政策評価」制度の概要を説明

第2章
制度で開示される情報を説明し問題点を顕現化

政策の「経済性」評価に有用となる「会計情報」の特定

第3章
演繹アプローチにより「経済性」評価
に有用な「会計情報」を特定

第4章
帰納アプローチにより「経済性」評価
に有用な「会計情報」を特定

第5章
現行の「政策評価」制度の「有効性」評価
に限界があることを説明

「事務事業」の「インパクト」値算出による「有効性」評価

第6章
NPOの「SROI評価」で算出される
「インパクト」値の特質と問題点を明確化

第7章
「費用便益分析」で算出された「事務事業」
の「インパクト」値の妥当性を考察

　図のとおり，まず第1章では，府省「政策評価」制度の全体概要が明らかにされる。またそこでは，制度の基盤であり基本指針と言える，「目標管理型の政策評価」および「EBPM」についても，その概要が説明されている。

　続く第2章では，制度において開示される書類の記載項目が説明され，かつ次の二つの重要問題点が示される。

　①政策の「経済性」評価に利用されるのは，歳出の予算および実績額が中心であり，発生主義に基づくコストの情報が十分でない。
　②政策の「有効性」評価に利用できる「アウトカム」値は「目標達成度」が中心であり，かつ"文章"によって当該評価が行われる。そのため，評価の非客観性の問題が生じる。

　そこで，続く第3章と第4章で，「経済性」評価に有用となる「会計情報」が特定される。一方の第3章では，特定の理論から必然的な結論に到達しようとする研究方法である「演繹アプローチ」を用いる。もう一方の第4章では，事実観察や経験に依拠しつつ結論導出しようとする研究方法である「帰納アプローチ」を用いる。

　続いて，第5章，第6章および第7章で，事務事業の「有効性」評価に利用される「アウトカム」・「インパクト」につき，それを貨幣価値換算することの妥当性について考察する。

　まず第5章で，現時点の主流である，目標達成度に基づく「有効性」評価，即ち「ベンチマーキング」につき，そこに存在している限界について，"理論"と"実務"の二面から明らかにする。

　そしてこれを受け，第6章と第7章で，「ベンチマーキング」に拠らない「有効性」評価の方法を考える。

　まず第6章では，NPO法人で現在実施されている「アウトカム」・「インパクト」の貨幣価値換算，およびそれを利用した「有効性」評価につき，そこに含まれる問題点がピックアップされる。現在一部のNPO法人では，事後の「アウトカム」・「インパクト」につき，「費用便益分析」を援用して貨幣価値換算がさ

れ，それが「有効性」評価に利用される。そこで，予算が小規模である政府・事務事業において，NPO法人のこうした取組みを参酌できるか考察するため，そこに含まれる問題点を抽出するのが，第6章の目的である。

　そして当該問題点を斟酌しつつ，第7章で，「費用便益分析」による事務事業の「アウトカム」・「インパクト」算出と，これを援用した「有効性」評価の妥当性につき，結論を演繹していく。

【注】

1）「政策評価」について，狭義には「政策－施策－事務事業」という行政活動階層における「政策」の評価を指すが，一般には，予算の効率的配分を行う「プログラム評価」や，執行機関の立場から経済性・効率性・有効性を検証する「業績評価」など，発展過程が異なる諸システムの総称を含意するものと解されている（中井 [2005]，6-10頁）。
2）宮本 [2013]，46-47頁に詳しい。政府の支出額である「インプット」は"金額"で示され，これと等価である「アウトプット」は，"金額・数・量"で測定されるが，いずれも"経済的事実"に基づく数値であり，「アウトカム」よりも客観的と言える。
3）即ち CBA は，政府が実施しようとする政策につき，その是非につき理論的に評価する手法である（Stiglitz [2000]，藪下訳 [2003]，377頁）。

―――― 第 1 章 ――――

わが国府省における
「政策評価」制度の概要

1 ―― はじめに（考察の目的）

　本章では，わが国で実施される府省「政策評価」制度を概観し，そこに含まれる特質と意義を明らかにする。

　総務省によれば，「政策評価」とは，府省自らが，その政策の効果を把握・分析して評価を行うことにより，次の企画立案や実施に役立てるものとされる（総務省 [2017a]，1 頁）。本制度確立の経緯を見ると，まず平成 9 年 12 月 3 日の行政改革会議最終報告において，①政策の実施段階で常にその効果が点検されること，②そのため政策の効果につき事前・事後に客観的評価を行うこと，③それを政策立案部門の企画立案作業に反映させる仕組みを強化すること，の必要性が示されている（行政改革会議最終報告 5・(1)）。そしてこれを受け，平成 13 年 1 月に「政策評価」制度が施行され，同年 6 月には「行政機関が行う政策の評価に関する法律」（以下，政策評価法）が制定されている（平成 14 年 4 月施行）。

　以下の論考では，府省「政策評価」制度の全体像を把握するため，その基本的枠組みを示したうえで（第 2 節），政策評価法で示された規定を概観する（第 3 節）。次に，当該制度の基軸と言える三つの評価方式について説明し（第 4 節），この中で特に重要な五つの政策（研究開発・公共事業・ODA・規制・租税特別措置等）の評価方法を示す（第 5 節）。最後に，近年，制度で新たに取り入れられた「目

標管理型の政策評価」および「EBPM」について説明する（第6節・第7節）。

2 ── 「政策評価」制度の基本的枠組

　以上の様にわが国では，各府省において「政策評価」が実施され，それに基づいて，政策の改善と新企画の立案が図られている。本節では，府省「政策評価」制度の基本的な枠組である三点，即ち①「政策評価法に依拠した施行」，②「PDCAサイクルのC（チェック）としての評価」，および③「アウトカムに重点を置いた測定」の各々について説明する。

2.1　「政策評価法」に依拠した制度の施行

　わが国府省における「政策評価」制度の導入につき，その端緒となったのは，「行政改革会議最終報告」（平成9年12月3日）の中で，政策の効果や経済情勢の変化に基づき政策を見直すための「評価」の機能につき，その軽視が指摘されたことである（総務省［2017a］，2頁）。

　これを受け，「政策評価」の手法に関する検討および法制化作業が行われ，最終的に，「行政機関が行う政策の評価に関する法律」（平成13年法律第86号，通称「政策評価法」）が制定されるに至った（平成14年4月施行）[1]。その第1条・「目的」では，以下の規定が示されている。

　第1条　この法律は，行政機関が行う政策の評価に関する基本的事項等を定めることにより，政策の評価の客観的かつ厳格な実施を推進しその結果の政策への適切な反映を図るとともに，政策の評価に関する情報を公表し，もって効果的かつ効率的な行政の推進に資するとともに，政府の有するその諸活動について国民に説明する責務が全うされるようにすることを目的とする。（傍点筆者）

　また総務省では，この規定から演繹される制度の要諦として，以下の点を示

している（総務省［2017a］, 3 頁）。

①各府省が所管する政策について, その効果を把握して, 必要性・効率性・有効性などの観点から自ら評価を実施し, その結果を当該政策に反映すること。
②各府省が中期的な基本計画と一年毎の実施計画を策定することとし, 政策評価の結果について, 評価書を作成・公表すること。
③政策評価の統一性, 総合性及び一層厳格な客観性を確保する観点から, 総務省が各府省の政策について評価を行うこと。

2.2 「PDCA サイクル」の"Check"としての「政策評価」

そして総務省によれば, 政策評価法の諸規定は, 各府省の"セルフチェック"によって具現化される（総務省［2017b］, 11 頁）。この"チェック"は, 政策のPDCA サイクル, 即ち〔Plan（企画立案）－ Do（実施）－ Check（評価）－ Action（企画立案への反映）〕のサイクルにおける, "Check"のプロセスで実施される（同上, 11 頁）。

特にこのプロセスでは, 「必要性」・「効率性」・「有効性」の三観点から評価が行われる（同上, 11 頁）。「必要性」は, 政策の目的の妥当性および当該政策を行う必要性であり, 当該観点から評価が行われる（同上, 6 頁）。「効率性」は, 政策の効果と費用との関係性であり, この観点から評価が行われる（同上, 6 頁）。そして「有

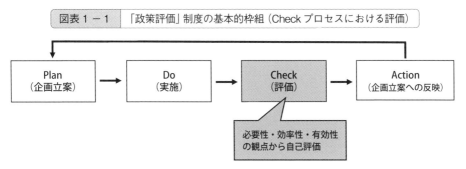

| 図表 1 － 1 | 「政策評価」制度の基本的枠組（Check プロセスにおける評価） |

出所：総務省［2017b］, 11 頁を参照して作成。

効性」は，得ようとする効果と得られている効果との関係性であり，当該観点から評価が行われる（同上，6頁）。以上の説明を図示したのが，図表1－1である。

2.3 「アウトカム」に重点を置いた測定

また，わが国府省の「政策評価」制度の基本的枠組として，「アウトカム」（outcome）の重点的測定を挙げることができる。総務省［2017a］では，実施される政策／施策／事務事業に対し，成果としての「アウトカム」に着目して目標を設定し，これと実績値とを比較して，達成度合を評価すべきとされる（総務省［2017a］，17頁）。即ち，「アウトカム」の目標設定，実績測定，および目標達成度の分析が，制度の眼目となる。

そして「アウトカム」は，図表1－2で示されたとおり，ロジックモデル（logic model）の構成要素として位置付けられている。このモデルは，政策／施策／事務事業を実施するために必要な資源と，達成したい成果との関係について，体系的かつ視覚的に表した方法とされる[2]。

図表において，最初のプロセスである「インプット」とは，「リソース」とも呼ばれるとおり，政策を実施するため直接に使用する人的・財務的・組織的な資源である（W. K. Kellogg Foundation［2004］, p.2）。

次の「アクティビティ」とは，「インプット」を用いて政策を実施することである（*ibid.*, p.2）。そこにおいては，政策実施のためのツールの使用，イベントの開催，技術の使用が含まれる（*ibid.*, p.2）。これらの要素により，意図された政策の結果がもたらされる（*ibid.*, p.2）。

その次の「アウトプット」とは，政策の実施により生じる直接の産物を意味する（*ibid.*, p.2）。

| 図表1－2 | ロジックモデルの構成要素と流れ |

出所：W. K. Kellogg Foundation［2004］, p.1 をもとに筆者が作成。

　そして次の「アウトカム」とは，政策が関わることで何らかの享受を受けた主体の，行動・知識・スキル・ステータス・レベルの，特定の変化である (*ibid.*, p.2)。この変化は，政策の実施による成果と考えることができる。短期的な成果は，概ね 1 〜 3 年以内に達成され，長期的な成果は，4 〜 6 年の期間内に達成される (*ibid.*, p.2)。

　最後の「インパクト」とは，政策が完了した後に影響が生じることであり，およそ 10 年以内の活動の結果として，組織，コミュニティ，またはシステムで発生する変化である (*ibid.*, p.2)。つまりこれは，「アウトカム」よりも長期に渡って生じる変化と言える。

　このモデルにつき，総務省では，「政策評価」制度の基礎になると強調されている（[2017b]，8 頁）。また既述のとおり，モデルの構成要素である「アウトカム」につき，制度の主要な指標に位置付けている。したがって，わが国府省の「政策評価」制度は，ロジックモデルを基本的枠組に据え，「アウトカム」の把握を第一義と捉えている。

3 ── 「政策評価法」の概要と制度の全体構成

　そして，以上の枠組に依拠して制定された「政策評価法」のもとで，各府省は適時に政策効果を定量把握し，これを基礎に必要性・効率性・有効性の観点から自らを評価し，その結果を次期以降の政策に適切に反映させる（第三条）。本節では，「政策評価法」の規定概要，および制度の全体構成を説明する。

3.1　「政策評価法」の規定

3.1.1　「基本方針」の設定

　府省が実施する「政策評価」では，その計画的かつ着実な推進を図るため，政府全体としての「基本方針」が定められる（第五条）。「基本方針」は，次に掲げる事項につき，「基本計画」の指針となるべきものが定められる。

- 政策評価の実施に関する基本的な方針
- 政策評価の観点に関する基本的な事項
- 政策効果の把握に関する基本的な事項
- 事前評価の実施に関する基本的な事項
- 事後評価の実施に関する基本的な事項

（一部略）

3.1.2 「基本計画」の策定

　次に，掲げられた「基本方針」に基づいて「基本計画」が設定される。これは，行政機関の長が，所掌に係る政策について，三年以上五年以下の期間ごとに，「政策評価」に関する計画を定めるものであり，次に掲げる事項が示される（第六条）。

- 計画期間
- 政策評価の実施に関する方針
- 政策評価の観点に関する事項
- 政策効果の把握に関する事項
- 事前評価の実施に関する事項
- 計画期間内において事後評価の対象としようとする政策
- 政策評価の結果の政策への反映に関する事項
- 政策評価の実施体制に関する事項

（一部略）

　これらの事項に基づいて，行政機関の長は，社会経済情勢等に応じて実現すべき主要な行政目的に係る政策を定めていく（第六条3）。

3.1.3 「事後評価」の「実施計画」の策定

　「基本計画」が策定されると，行政機関の長は，一年ごとに，「事後評価」の「実施計画」を定める（第七条）。「実施計画」においては，計画期間，政策ごとの具体的な「事後評価」の方法が定められる（第七条）。

3.1.4 「事前評価」と「事後評価」の実施

そして，「事後評価」の「実施計画」が定められると，次には「事前評価」と「事後評価」が実施される。

「事前評価」は，国民生活もしくは社会経済に相当程度の影響を及ぼすことが見込まれ政策効果の把握の手法が開発されている政策に対して実施される（第九条）。特にそこでは，「研究開発」・「公共事業」・「政府開発援助」・「規制」・「租税特別措置等」の五つを目的とする政策につき，「事前評価」が義務付けられている。

他方「事後評価」は，上記のとおり「実施計画」に基づいて行われる。そこでは，主要な行政目的に係る政策，未着手・未了の政策に対し，評価が実施される（第八条）。

3.1.5 「評価書」の作成

こうして，「事前評価」および「事後評価」が実施された後には，「評価書」の作成が，行政機関の長に義務付けられる（第十条）。そこでの記載事項は，①政策評価の対象とした政策，②政策評価を担当した部局・機関及び実施時期，③政策評価の観点，④政策効果の把握の方法とその結果，⑤学識経験を有する者の知見の活用に関する事項，⑥使用した資料，⑦評価結果などである。

3.1.6 評価結果の政策への反映状況の公表

さらに，少なくとも毎年一回，「政策評価」の結果の政策への反映状況につき，総務大臣に通知するとともに，外部に対する公表が行われる（第十一条）。

3.1.7 総務省による「政策評価」の評価

他方で，府省「政策評価」制度の統括機関である総務省は，各府省における評価の実施状況を踏まえ，①改めて総務省による「政策評価」が必要と認められる場合，②機関から要請があった場合に共同して評価を行う必要があると認める場合に，当該政策について，客観的かつ厳格な実施を担保するための評価

を行う（第十二条）3)。

　この時に総務大臣は，必要な範囲において，行政機関の長に対して資料提出および説明を求め，又は行政機関の業務について実地に調査することができる（第十五条）。また，総務省が評価した結果，必要があると認めるときは，関係する行政機関の長に対し，当該評価の結果を政策に反映させるために必要な措置をとることを勧告するとともに，当該勧告の内容を公表することができる（第十七条）。

　さらに，総務大臣は，総務省による評価結果を政策に反映させるため，必要があると認めるときは，内閣総理大臣に対し，当該評価の結果の政策への反映について，内閣法（昭和二十二年法律第五号）第六条の規定による措置がとられるよう，意見具申をすることができる（第十七条）。

3.1.8　国会への提出

　各府省は，「政策評価」の実施状況並びにこれらの結果の政策への反映状況に関する報告書を毎年作成し，これを国会に提出するとともに，公表しなければならない（第十九条）。

3.2　「政策評価」制度の全体構成

　以上により，「政策評価法」の概要が説明された。これをもとに「政策評価」制度の全体構成を示すと，図表1－3の様にまとめることができる（カッコ内は政策評価法の条文番号）。

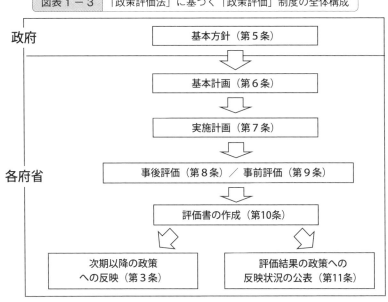

図表 1 － 3　「政策評価法」に基づく「政策評価」制度の全体構成

出所：総務省 ［2017b］，12 頁を参照して作成。

4 ── 府省「政策評価」の対象とその評価方式

　以上により，総務省が主管する「政策評価」制度の概要が，「政策評価法」の条文および同省作成の公表資料を辿ることで明らかにされた。本節では，公表資料に示された内容をさらに詳しく見ていく。第 1 項は“政策評価の対象”，第 2 項は“当該対象に対する評価方式（評価の進め方）”につき説明する。

4．1　「政策評価」の対象

　総務省によれば，「政策評価」の対象は，府省が実施する「政策」，「施策」および「事務事業」である（総務省 ［2017a］，11 頁）。そしてそれらは，「政策 － 施策 － 事務事業」の縦列体系で捉えられる（同上，11 頁）。

　各々につき，「政策」は「特定の行政課題に対応するための基本的方針の実現を目的とする行政活動の大きなまとまり」であり，「施策」は「『政策』の基本的方針の実現を目的とする行政活動のまとまりで，『政策』を実現するための具体的な方策と捉えられるもの」（同上，11頁）である。「事務事業」は，「『施策』に含まれる具体的方策を具現化するための行政手段の基礎的な単位となるもの」（同上，11頁）と規定される。

　「政策評価」が，縦列体系を前提に実施されるのは，上位と下位の政策が「目的－手段」の関係によって成立しており，評価対象の政策がどの様な目的の下に，どの様な手段を用いて実施されるかを念頭に置くことで，評価対象の位置付けが明らかになるためである（同上，11頁）。

　こうして，「政策」のもとに複数の「施策」が設定され，「目的－手段」の観点から「政策」と「施策」を評価することで，その達成度合が統合的に評価される。同様に，「施策」のもとに複数の「事務事業」が設定され，「目的－手段」の観点から「施策」と「事務事業」を関連付けて評価することで，その達成度合が合一的に評価される。

4.2　「政策評価」の対象を評価する方式

4.2.1　「政策評価」の三方式

　以上に述べた体系（縦列体系）を持つ「政策評価」においては，「事業評価方式」，

図表1－4　「政策評価」の三方式の特徴

方式	対象	時点	目的・ねらい	方法
事業評価方式	・事務事業 （一部施策）	・事前（新規） ・事後（継続）	・事務事業の選択	・期待効果と必要費用を推計
実績評価方式	・施策	・事後	・政策の見直しと改善	・目標の達成度合を評価
総合評価方式	・政策 ・施策	・事後	・問題点把握と当該原因の分析	・政策効果の分析

出所：総務省［2017a］，13頁を参照して作成。

「実績評価方式」，および「総合評価方式」の三つの方式（以下，三方式）を用いた評価が行われる（同上，13頁）。総務省は，三方式の特徴につき，図表1－4の様に整理をしている。

　表を見れば，主たる評価対象は「事業評価方式」が「事務事業」，「実績評価方式」が「施策」，「総合評価方式」が「政策」および「施策」となっている。また，三方式と事前・事後評価の関係について見ると，「事業評価方式」では，新規事業は事前評価，継続事業は事後評価が行われる（同上，14頁）。他方，「実績評価方式」と「総合評価方式」では，事後評価が実施される（同上，14頁）。そこで，政策／施策／事務事業と，事前評価／事後評価との関係を示すと，図表1－5のようになる。

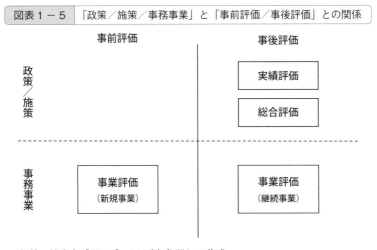

図表1－5　「政策／施策／事務事業」と「事前評価／事後評価」との関係

出所：総務省［2017a］，14頁を参照して作成。

4.2.2　「事業評価方式」の特徴

　「事業評価方式」とは，「個々の事業や施策の実施を目的とする政策を決定する前に，その採否，選択等に資する見地から，（中略）期待される政策効果やそれらに要する費用等を推計・測定し，政策の目的が国民や社会のニーズ（中略）

に照らして妥当か，（中略）費用に見合った政策効果が得られるかなどの観点から評価するとともに，必要に応じ事後の時点で事前の時点に行った評価内容を踏まえ検証する方式」である（総務省［2017c］，別紙）。

そこでは，「決定する前に，その採否，選択等に資する見地」と記されており，事前評価を対象とすることがわかる。ただし，「必要に応じ事後の時点で事前の時点に行った評価内容を踏まえ検証する」ことも併せて要請される。

また，「期待される政策効果やそれらに要する費用等を推計・測定」することが求められており，数理系のアプローチである「費用便益分析」(CBA; Cost Benefit Analysis) の利用が前提の一つと解されている（南島［2020］，57頁）。CBAは，事業の実施によって生じる便益につき，経済学のアプローチによって，貨幣価額（円）を測定するものである。これによれば，政策の効果である「アウトカム」が把握される。

4.2.3 「実績評価方式」の特徴

「実績評価方式」は，政策を決定した後の政策見直しの必要性に鑑み，あらかじめ政策効果に着目した達成すべき目標を設定し，これに対する実績を定期的・継続的に測定するとともに，期間全体における取組や最終的な実績等を総括し，目標の達成度合について評価する方式と規定される（総務省［2017c］，別紙）。即ちこれは，設定目標に対する実績を測定し，目標達成の度合を評価するものであり，主要な「施策」を対象にした事後評価がその眼目である（総務省［2017b］，13頁）。

また「実績評価方式」では，目標管理型の政策評価が重視され，「施策」の実績および目標達成度の評価に力点が置かれる[4]。書類としてそこで作成・公表されるのは，「事前分析表」，「目標管理型の政策評価に係る評価書」，「行政事業レビュー」，および「政策評価調書」である[5]。

そしてこの評価方式では，「アウトカム」が主たる測定値となる。行政活動に投入された資源（インプット）により行政が産出した財・サービス（アウトプット）につき，そこからもたらされた成果が「アウトカム」に当たる（総務省［2017a］，17頁）。「実績評価方式」では，「何について，どのようなことを実現するのか」

を示す「アウトカム」に着目した目標設定と，その達成度の評価が基本作業となる（同上，17 頁）。

4.2.4 「総合評価方式」の特徴

「総合評価方式」は，政策決定から一定期間を経過した後に，"政策の見直しと改善"に資する見地から特定のテーマを分析し，問題点把握と原因分析を行う方式である（総務省［2017c］，別紙）。

とくにそこでは，特定テーマに係る政策効果の発現状況が分析され，文書形式（非定型フォーマット）によるアウトプットが想定されている（南島［2020］，59頁）。また，クロスセクション分析や時系列分析を用いた高度な分析も行われる（同上，59 頁）。各府省では，これらの分析を含め，自由な評価のあり方がデザインされる（同上，59 頁）。

5 ――「事業評価方式」で実施する五つの「政策評価」

以上により，政策評価の基軸となる三方式の内容が概観された。総務省は，このうち「事業評価方式」において，国民生活や社会経済に与える影響が大きい政策の事前評価を特に求めている（総務省［2017a］，21 頁）。具体的には，①「研究開発」，②「公共事業」，③「政府開発援助（ODA）」，④「規制」，⑤「租税特別措置等」の五つを目的とする政策につき，別途の事前評価が義務付けられる（同上，21 頁）。以下では，各々につき評価の内容を説明する。

5.1 「研究開発」の評価

「研究開発」の評価は，政策評価法のほか，「国の研究開発評価に関する大綱的指針」（平成 28 年）を踏まえて行うものとされ，研究開発施策（研究開発政策・制度・プログラム等），および研究開発課題（研究者等が具体的に研究開発を行う個別のテーマ）がその対象となる（総務省［2017a］，22 頁）。このうち，事業費 10 億円以上の研究開発に関しては事前評価が義務付けられ，政策決定から 5 年経過時

点で未着手又は 10 年超過時点で未了のものに関しては事後評価が義務付けられる（同上，22 頁）。

5.2 「公共事業」の評価

「公共事業」の評価については，事前評価，事後評価（但し政策の決定後 5 年間未着手又は 10 年間未了のものの再評価），事後評価（但し完了後の評価）に三分類され，費用対効果分析などを活用して評価が行われる（同上，23 頁）。さらに，事業費 10 億円以上のものに関しては，事前評価が義務付けられている（同上，23 頁）。これらをまとめると，図表 1 － 6 のとおりである。

また，「公共事業」の評価においては，事業の投資効率性が重要となり，その際用いられる分析手法として，「費用便益分析」が主に採用される（同上，23 頁）。既述のとおりこれは，事業の投資効果につき，便益を貨幣換算して評価する手法である。

図表 1 － 6	「公共事業」評価における事前評価と事後評価の内容
事前評価	・新規事業の採択時において，費用対効果分析を含めた事業評価を行う。
事後評価 （再評価）	・事業採択時から 5 年経過して未着工の事業，10 年経過して継続中の事業等について再評価を行い，必要に応じて見直しを行うほか，事業の継続が適当と認められない場合には事業を中止する。
事後評価 （完了後）	・事業完了後に，事業の効果，環境への影響等の確認を行い，必要に応じて適切な改善措置，同種事業についての評価手法の見直しや計画及び調査等のあり方を検討する。

出所：総務省［2017a］，23 頁参照。

5.3 「政府開発援助」の評価

「政府開発援助」（ODA）については，供与限度額が 10 億円以上のプロジェクト型の無償資金協力事業，および供与限度額が 150 億円以上の有償資金協力事業を対象に，事前評価が義務付けられている（同上，25 頁）。また，有償資金協

力事業のうち，閣議決定後 5 年経過時点で事業が未着手のもの，または 10 年経過時点で未完了のものにつき，事後評価が行われる（同上，25 頁）。

5.4　「規制」の評価

　「規制」については，「規制改革・民間開放推進 3 か年計画」などの閣議決定において，「規制影響分析」[6]の導入を推進することとされ，平成 19 年 10 月 1 日から，「規制」の新設もしくは改廃の際，その事前評価を実施することを各府省に義務付けている（同上，27 頁）。また，平成 29 年 10 月 1 日から，事前評価を実施した「規制」について，事後評価を行うこととされている（同上，27 頁）。

　「規制」は，国民の権利・活動を制限して義務を課すものであるため，それを新設，改正もしくは廃止する際は，その便益と費用を比較するなどの事前評価が要請される（同上，27 頁）。「規制」の評価の主な実施内容をまとめると，図表 1 - 7 のとおりである。

図表 1 - 7	「規制」の「政策評価」の主な実施内容

事前評価	・規制の目的，内容及び必要性の説明。 ・規制の費用，効果（便益），間接的な影響の把握。 ・政策評価の結果（費用と便益の関係の分析および代替案との比較）の提示。
事後評価	・事前評価時に想定した費用，効果（便益）との比較・検証。

出所：総務省［2017a］，27 頁参照。

5.5　「租税特別措置等」の評価

　「租税特別措置等」については，平成 22 年 5 月から，当該措置に係る「政策評価」を実施することが義務付けられている（同上，29 頁）。これは，「平成 22 年度税制改正大綱」において，国税における租税特別措置，および地方税における税負担軽減措置の抜本的な見直し方針を踏まえたものである。

　「租税特別措置等」に係る政策評価の実施内容は，①必要性（政策目的・達成目

標・測定指標等）についての説明，②有効性（税収減を是認するような効果の有無等）についての説明，③相当性（租税特別措置によるべき妥当性等）についての説明，の三点に集約される（同上，29 頁）。これらの評価を通じ，税収減に見合った効果が認められるかが分析される（同上，29 頁）。

　またこの措置は，"税負担の公平の原則"の例外であるため，これが正当化されるためには，当該適用の実態や効果が透明であり，納税者が納得できるものでなければならない（同上，29 頁）。そこで，「租税特別措置等」を新設・拡充および延長する際には，その必要性や有効性等の事前／事後評価を実施し，その結果が政策決定の判断材料として活用される（同上，29 頁）。

6 ── 「目標管理型の政策評価」への展開

　以上のとおり，わが国では総務省が主導するかたちで，府省「政策評価」制度が運営されて来た。そして近年では，新たな展開として，「目標管理型の政策評価の実施に関するガイドライン」（平成 25 年 12 月 20 日各府省政策評価連絡会議了承，以下「ガイドライン」）が作成された。そこでは，目標の管理に重点を置いた「政策評価」を眼目とし，①「事前分析表」の作成，②「評価書」の作成，③政策評価と行政事業レビューの連携，の三点が要請されている。以下では，「目標管理型の政策評価」の基本的な考え方を説明したのち，上記三点の内容を各々概観する。

6.1 「目標管理型の政策評価」の基本的な考え方

　上掲「ガイドライン」によれば，「目標管理型の政策評価」とは，「政策評価に関する基本方針」（平成 17 年 12 月 1 日）に定める「実績評価方式」を用いた政策評価を含む，「施策」レベルの政策の事後評価をいう（「ガイドライン」，1 頁）。即ちこれは，政策改善を第一義とする見地から，主要政策の事後評価を対象に，予め目標設定をしたうえで「事前分析表」を作成し，これに対する実績を測定して，目標の達成度合を評価するものである（総務省［2016］，17 頁）。事前の想定事項を整理し，しかる後に実績を検証することで，マネジメントの強化が目

指される（「ガイドライン」, 2 頁）。

　「目標管理型の政策評価」の実施においては, 政策の目的・目標・手段から成る体系を明確化した上で, 目標の達成度合について, 全ての府省で共通の標準的な表示方法が用いられる（同上, 1 頁）。また各府省に対し, 踏み込んだ評価と作業の効率化が求められる（同上, 1 頁）。

6.2　「事前分析表」による「目標管理型の政策評価」の実施

　この様に,「目標管理型の政策評価」では, 目標の適切な設定が重視されている（同上, 2 頁）。こうした問題意識のもとで, 上掲の「政策評価各府省連絡会議」（平成 25 年 12 月 20 日）では,「施策」ごとの「事前分析表」作成が義務付けられた。「事前分析表」の主な表示項目と内容をまとめると, 図表 1 - 8 のとおりである。

図表 1 - 8　事前分析表の主な表示項目・内容

表示項目	表示内容
達成すべき目標	・「いつまでに, 何について, どのようなことを実現するのか」を文章で記述。
測定指標	・達成すべき目標値を表示。 ・目標値設定の根拠を文章で記述。
達成手段	・「施策」目標の達成手段となる「事務事業」を列挙。 ・「事務事業」ごとに, 予算額を表示。 ・「事務事業」ごとに, 達成手段の概要を文章で記述。

出所：総務省［2016］, 18 頁参照。

6.3　「評価書」の作成

　「事前分析表」において設定目標が示されると, 次には, 政策の見直しと改善を目途に,「目標管理型の政策評価に係る評価書」（以下, 評価書）が作成される。そこでは, 府省間の統一性確保を前提として,「施策」ごとの目標・実績が表示され, 目標達成度合の評価が行われる（総務省［2016］, 17 頁）。「評価書」の主要な表示項目と内容をまとめると, 図表 1 - 9 に示すとおりである。

| 図表1－9 | 「評価書」の主な表示項目と内容 |

表示項目	表示内容
測定指標	・測定指標（例えば施設の「バリアフリー率」など）ごとに，目標値・実績値を示し，目標達成の成否を文章で記述。
目標の達成度合	・測定指標ごとの目標の達成度合につき，五区分（目標超過達成／目標達成／相当程度進展あり／進展が大きくない／目標に向かっていない）のいずれに当たるかを示す。 ・その様に区分した判断根拠を文章で記述。
施策の分析	・達成手段が目標へ寄与したかの分析を文章で記述。 ・「施策」の目標が未達成となった場合，その原因を文章で記述。
次期目標等への反映の方向性	・達成すべき目標や測定指標の妥当性を検証し，見直すべき事項を文章で記述。

出所：総務省［2016］，19頁参照。

　表の中で，「施策の分析」では，目標未達成となった原因の分析が行われるが，とくに，想定していなかった外部要因や，目標に掲げられなかった費用等の要素につき，詳しく分析される（「ガイドライン」，4頁）。

　また，「次期目標等への反映の方向性」については，設定していた目標の妥当性，目標達成に効果のあった取組や工夫について分析し，必要となる見直し事項が記入される（「ガイドライン」，4頁）。

6.4　「政策評価」と「行政事業レビュー」の連携

　そして，以上の様に進められている「目標管理型の政策評価」では，「政策評価」と「行政事業レビュー」との連携についても重視がされている。その眼目は，「施策」単位の「政策評価」と，「事務事業」単位の「行政事業レビュー」の間で，情報等の相互活用を行うことである（「ガイドライン」，4頁）。

　「行政事業レビュー」は，「政策評価」と別の制度であり，各府省の予算担当部局によって実施される。そこでは「事務事業」ごとに，目的・目標・指標が

管理される。「政策評価」との違いは，予算執行における資金の流れが記される
ことにある（南島［2020］，115 頁）。

　他方，「政策評価」の「事前分析表」では，上述のとおり，各「施策」の目標
の達成手段となる「事務事業」が列挙されている。この「事務事業」には番号
を付け，「行政事業レビューシート」の事業番号との共通化が図られている。

　これにより，「施策」と「事務事業」の一体的把握が達成可能となり，「目標
管理型の政策評価」の一層の充実が期待できる（「ガイドライン」，4 頁）。また，「政
策評価」担当組織と「行政事業レビュー」の取りまとめ部局との合同のチーム
による会合，および双方の外部有識者の会合により，連携の推進が行われる（同
上，5 頁）。

7 ── 「EBPM」の推進

　以上の様にして，わが国では「目標管理型の政策評価」が進められたが，そ
こでの問題点は，統計データが十分に活用されず，"エピソード・ベース"での
の政策立案が中心となることである（「統計改革推進会議最終取りまとめ」平成 29
年 5 月，1 頁）。これを踏まえ，「統計改革推進会議」（平成 29 年 1 月）では，統計
等を積極的に利用することで，「証拠に基づく政策立案」（Evidence-based Policy
Making; EBPM）を進めるべきとの提言が示された（同上，2 頁）。本節では，
「EBPM」に関する議論の経緯を示したうえで（第 1 項），内閣官房行政改革推進
本部より公表された「EBPM ガイドブック」をもとに，「EBPM」の概要を説明
する（第 2 項）。

7．1　「EBPM」推進の経緯

　上記のとおり「統計改革推進会議」では，「EBPM」，即ち統計等のデータを
用いた，事実・課題の把握，政策効果の予測・測定，および評価の実施を推奨
している（同上，3 頁）。各省庁が実施する政策の各段階で「EBPM」を推進し，"改
善"および"立案"につなげることが，同会議で得られた結論の要諦である（同

上，6頁）。

　そしてこうした指向に沿い，「政策評価審議会」（令和3年）において，「EBPM」の推進に関する提言が示された[7]。そこでは，「EBPM」の実践が進むように，各府省の評価担当部局が連携すべきとされている（「政策評価審議会提言」令和3年3月，9頁）。また，データの解析によるエビデンスの獲得・活用など，「EBPM」をめぐる諸論点につき一層の研究に取り組むべきとしている（同上，9頁）。

　続いて「政策評価審議会」（令和4年）では，政策の効果等を把握・分析する「効果検証」を，「EBPM」と並んで推進すべきと提言している（「デジタル時代にふさわしい政策形成・評価の実現のための具体的な方策に関する答申」令和4年12月）。「効果検証」とは，政策が想定どおりに進んでいるかをデータ等で確認し，ボトルネックがあればそれを分析して改善策を検討するとともに，政策目的を達成するためにより効果の高い方策があるかを探索するものである（同上，3頁）。図表1－1で示した"PDCAサイクル"で言えば，「EBPM」が"A（改善）"および"P（立案）"のフェーズにおいて行われるのに対し，「効果検証」は"C（評価）"のフェーズで実施される[8]。

　以上の様な経緯を辿りながら，わが国政府は，「EBPM」の推進によって効果的な支出を徹底していくことを，「経済財政運営と改革の基本方針2022」（令和4年6月7日閣議決定）によって公式に明らかにした。そして令和4年に，岸田文雄総理より，「行政事業レビュー」の見直しが指示されている。またこれを受けるかたちで，令和5年4月13日には，第1回EBPM推進委員会（会長・内閣官房副長官補）が開催されるに至っている。

7.2 「EBPM」の概要

　以上の様な状況の中，内閣官房行政改革推進本部では，「EBPM」のさらなる推進を目途に，「EBPMガイドブック」（令和4年11月）を公表している（以下，ガイドブック）。そこでは「EBPM」の要諦について，(a) 政策目的，(b) 政策手段と当該目的の論理的なつながり（ロジック），の二つにつき，裏付けとなるデータ等の"エビデンス"を求めることで明確にすること，とされている（ガイドブ

ック, 19 頁)。

　この"エビデンス"については, 統計的手法等を用いて明らかになった政策の定量的な因果効果 (政策の因果効果を表すもの) と規定される (同上, 22-23 頁)。具体的には,「ロジックモデル」(上記・図表 1 − 2) の構成要素である「アウトカム」および「インパクト」につき, これらが生じる手段である「アクティビティ」の有効性の根拠となるものである (同上, 23 頁)。また,「ロジックモデル」の「インプット」, 即ち予算等の必要性の根拠となる"データ・ファクト等"についても広義の"エビデンス"となる (同上, 22 頁)。

　そしてガイドブックでは, 上記 (a) の「政策目的の明確化」および (b) の「手段と目的の論理的つながりの明確化」のために, 図表 1 − 10 に示す八つの必要要素が掲げられている (同上, 30 頁)。

　まず, (a) の「政策目的の明確化」を行うために, 四つの要素 (図表左側①〜④) を設定していく (同上, 31 頁)。次に, (b) の「政策手段と政策目的の論理的つながり」を明確化するため, 同様に四つの要素 (図表右側⑤〜⑧) が設定される。(同上, 31 頁)。そしてそこでは,"エビデンス"を可能な限り追求することで, 設定値および設定事項のブラッシュアップが図られる (同上, 31 頁)。

図表 1 − 10　「政策目的」および「論理的つながり」の明確化に必要な要素

「政策目的の明確化」に必要な要素	「政策手段と政策目的の論理的つながりの明確化」に必要な要素
①現状把握	⑤アウトプット（活動目標・実績, アクティビティにより直接出てくることが期待されるもの）
②インパクト（あるべき姿・目指すべき姿・社会的影響）	⑥アクティビティ（政策手段による活動）
③課題設定	⑦インプット（政策手段）
④アウトカム（成果目標・実績）	⑧測定指標（アウトカムとアウトプットの状況を測定する指標）

出所:「EBPM ガイドブック」, 30 頁をもとに作成。

ロジック設定の具体的な手順を説明すると，「①現状把握」に基づいて，「②インパクト」の予測が行われ，これを踏まえて「③課題設定」が行われる。そしてこれを元に，「④アウトカム」→「⑤アウトプット」→「⑥アクティビティ」→「⑦インプット」→「⑧測定指標」の順で設定が行われる。

この様に「EBPM」では，ロジックモデルを前提に上記②〜⑧のフローチャートが設定され，政策の基本的な枠組みが明確化される。その上で，"エビデンス"に基づいてロジック内の「アウトプット」・「アウトカム」・「測定指標」を定量化し，それらに基づいて，政策の見直し・立案・選択が行われる（同上，31頁，53頁，58頁）。

8 —— おわりに（考察のまとめ）

以上の考察により，府省「政策評価」制度の全体構成，および制度に含まれる諸規定の特質・意義が説明された。

第2節では，総務省「政策評価」制度の基本的枠組が示され，第3節では，制度における評価プロセスであり全体構成が明らかにされた。

次に第4節では，「政策評価」の方式として三分類された，「事業評価方式」・「実績評価方式」・「総合評価方式」につき，それぞれが概観された。

そして第5節では，三つの評価方式のうち「事業評価方式」において，別途義務付けられた「研究開発」・「公共事業」・「政府開発援助（ODA）」・「規制」・「租税特別措置等」の評価方法について説明された。

第6節では，近年において重視され推進されている，「目標管理型の政策評価」について概観された。当該評価は，「実績評価方式」を前提に，目標の達成度合につき事後評価を行うものである。具体的には，①事前の想定事項を明示するための「事前分析表」作成，②「事前分析表」に示された設定目標に対して「評価書」により達成度の評価，③「事前分析表」と「行政事業レビューシート」との一体的運用による政策見直し，が行われていることが説明された。

最後に第7節では，新たな取組みとして「経済財政運営と改革の基本方針

2022」（令和 4 年 6 月 7 日閣議決定）で示された「EBPM」について，その概要が明らかにされた。

　以上の様にわが国では，府省「政策評価」制度を通じて，政策効果の事前・事後評価，評価結果を受けた企画立案と予算策定が図られている。本章でこれらの基礎的な知見が得られたため，次章においては，「政策評価」制度で開示される書類につき，そこで記載される内容を説明する。

【注】

1）政策評価法は，政策評価制度の実効性を高め，これに対する国民の信頼の一層の向上を図るため，政策評価に関する基本的事項を定めたものである（総務省 [2017a]，2 頁）。

2）W. K. Kellogg Foundation [2004]，p.1 参照。日本財団 [2019] によれば，ロジックモデルとは，事業・組織が最終的に目指す変化・効果の実現に向けた道筋を体系的に図示化したもので，どのような道筋で事業の目的を達成しようとしているのかの仮説を示したもの，ないし戦略を示したものとされる（日本財団 [2019]，2-3 頁）。

3）この他，総務省は，二以上の行政機関に共通する政策で，政府全体としての統一性を確保する見地から評価する必要があると認めるもの，二以上の行政機関の所掌に関係する政策でその総合的推進を図る見地から評価する必要があるものについて，統一性又は総合性を確保するための評価を行う（第十二条）。

4）「目標管理型の政策評価の実施に関するガイドライン」（平成 25 年），1-2 頁参照。当該ガイドラインでは，「目標管理型の政策評価」の実施に当たって，政策インフラとしての利便性を向上させる観点から，政策の目的，目標，達成手段等から成る政策体系を明確化した上で，目標の達成度合について各行政機関共通の標準的な表示方法を用いて行うべきとされる。

5）「政策評価調書」は，評価結果を予算編成に活用するため，結果の概要や概算要求への反映状況等を記載したものである。予算編成・執行プロセスの透明化・可視化を図るため，平成 22 年度概算要求から「政策評価調書」がホームページで公開されている。

6）規制影響分析（RIA; Regulatory Impact Analysis）とは，「規制の導入や修正に際し，実施に当たって想定されるコストや便益といった影響を客観的に分析し，公表することにより，規制制定過程における客観性と透明性の向上を目指す手法」である（総務省 [2017a]，27 頁）。

7）そこでは問題点として，政策の企画・立案・施行において効果の分析が行われる一方

で，それと無関係に「政策評価」が行われている現状が指摘されている（「政策評価審議会提言」令和3年3月，6-7頁）。

8）この点は，内閣官房行政改革推進本部［2022］，18頁を参照。政策評価審議会では，「政策評価」制度において，「EBPM」および「効果検証」の取組につき，政策の次なる改善につながる評価手法に位置付けられるものと捉えている。この点は，「デジタル時代にふさわしい政策形成・評価の実現のための具体的な方策に関する答申」（政策評価審議会，令和4年12月，2頁）を参照。

—— 第２章 ——

府省「政策評価」制度で開示される
書類の情報
―開示情報の問題点の顕現化―

1 —— はじめに（考察の目的）

　第１章で示されたとおり，現在わが国の府省では，「政策評価」制度が，「行政機関が行う政策の評価に関する法律」（以下，評価法）を根拠に施行されている。「政策評価」の対象となるのは，府省が実施する政策／施策／事務事業である（総務省［2017a］，11頁）。当該対象に対しては，「事業評価方式」・「実績評価方式」・「総合評価方式」の三つの方式（以下，三方式）を用い，事前および事後評価が行われる（同上，13頁）。また評価の結果が，予算の概算要求とその査定に活用される（同上，30頁）。

　本章は，この様な「政策評価」制度で開示される情報の内容説明と問題の顕在化を目途とする。まず第２節で，当該制度で開示される書類の全体構成を示す。そのうえで，公表される書類の記載情報を説明する（三つの方式につき，第３・第４・第５節の各々で説明）。最後に第６節（結節）で，開示情報に内在する問題点を明確にする。

2 —— 府省「政策評価」制度で開示される書類の全体構成

　以上のように本章は，わが国府省の「政策評価」制度で開示される記載情報

の説明が主な目的である。本節ではこれに先立ち，①当該評価の対象が政策／施策／事務事業であること，②三方式によって評価が行われること，を示す(2.1)。次に，制度で開示される書類の全体構成を明らかにする (2.2)。

2.1 府省「政策評価」制度の対象と評価方式

2.1.1 「政策評価」の対象

わが国では，中央省庁等改革の柱として，平成13年1月に「政策評価」制度が施行され，同年6月に，制度の実効性を高めるため，「評価法」が制定されている（平成14年4月施行）。この制度は，効果的・効率的な行政推進および国民への説明責任達成を目的とし，各府省によるセルフチェックと総務省によるそれらの点検が，手段の眼目となっている（総務省［2017b］，11頁）。

「政策評価」の対象は，府省が実施する政策／施策／事務事業であり（総務省［2017a］，11頁），「政策－施策－事務事業」の縦列体系で捉えられる（同上，11頁）。

「政策」は「特定の行政課題に対応するための基本的方針の実現を目的とする行政活動の大きなまとまり」と定義される（同上，11頁）。

「施策」は「政策の基本的方針の実現を目的とする行政活動のまとまり」と定義される（同上，11頁）。

「事務事業」は「施策に含まれる具体的方策を具現化するための行政手段の基礎的な単位となるもの」と定義される（同上，11頁）。

2.1.2 「政策評価」の三方式

こうした政策／施策／事務事業に対する具体的な評価は，「事業評価方式」，「実績評価方式」，「総合評価方式」の三つに類別された方式（方法）によって行われる（同上，13頁）。

(1) 事業評価方式

「事業評価方式」では，「事務事業」（以下，事業と記す場合もあるが同義）を対象に，新規事業は事前評価，継続事業は事後評価が行われる（同上，14頁）。この

方式は，個々の事業を決定する前に，期待される政策効果，それらに要する費用等を推計・測定し，国民のニーズに照らして妥当かを評価するものである（総務省［2017c］，別紙）。また，継続事業については，事前に行った評価内容を踏まえた事後検証が行われる（同上）。

　さらに，国民生活や社会経済に与える影響が大きい政策，多額の費用を要する政策に対し，詳細な事前評価が求められている（総務省［2017a］，21 頁）。具体的には，①「研究開発」，②「公共事業」，③「政府開発援助（ODA）」，④「規制」⑤「租税特別措置等」の五つを目的とする政策につき，事前評価が義務付けられている（同上，21 頁）。

（2）実績評価方式

　「実績評価方式」は，政策／施策／事務事業のうち，「施策」を対象とし，その事後評価が行われる（総務省［2017b］，14 頁）。この方式は，政策効果に着目した達成目標を設定し，これに対する実績を継続的に測定し，期間全体における取組や最終的な実績等を総括して，目標の達成度合を評価するものである（総務省［2017c］，別紙）。即ち，「施策」に対して実績を測定し，目標達成度合の事後評価を行うことがその眼目となる（総務省［2017b］，13 頁）。

　また当該方式に対しては，2013 年に「目標管理型の政策評価の実施に関するガイドライン」（府省政策評価連絡会議）が作成されている。具体的には，「施策」の目標を設定して「事前分析表」に反映し，これに対する実績を事後に測定することで，目標の達成度合が評価される（総務省［2016］，17 頁）。

（3）総合評価方式

　「総合評価方式」は「政策」および「施策」が対象で，その事後評価が行われる（総務省［2017b］，14 頁）。即ちそれは，「政策」の決定から一定期間を経過した後において，その見直しと改善に資する見地から，特定テーマについて効果の発現状況を分析し，問題点把握と原因分析を行う方式である（総務省［2017c］，別紙）。

2.2　制度で開示される書類の全体構成

　以上により，府省「政策評価」制度の対象が政策／施策／事務事業であり，事業評価方式／実績評価方式／総合評価方式の三方式が基本的な枠組であることが説明された。そこにおいて開示される書類につき，その全体構成を示すと，図表2－1のようになる。

　図表のとおり，評価法第10条（評価書の作成）に依拠しながら，「事業評価方式」・「実績評価方式」・「総合評価方式」の各々によって書類が作成される。そ

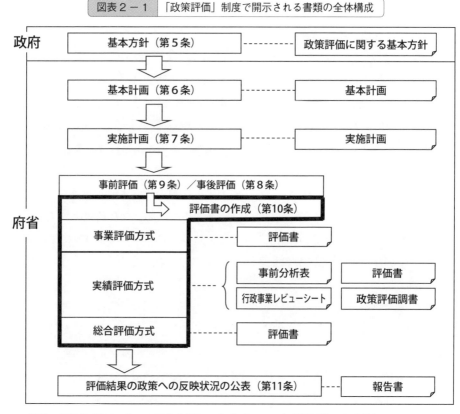

図表2－1　「政策評価」制度で開示される書類の全体構成

出所：総務省［2017b］，12頁を参照して作成（カッコ内は評価法の条番号）。

して，特に重要と言える「実績評価方式」では，「目標管理型の政策評価の実施に関するガイドライン」(2013 年) に基づき，「事前分析表」，「評価書」，「行政事業レビューシート」，「政策評価調書」の四書類が作成・公表される。

　そこで，以下の第 3 節，第 4 節および第 5 節では，「事業評価方式」，「実績評価方式」，「総合評価方式」の各々で開示される書類の内容を説明していく。

3 ── 「事業評価方式」に基づいて開示される書類

　「事業評価方式」では，個々の事業の採択を決定する前に，その採否に役立てる見地から，期待される政策効果やそれらに要する費用等を測定し，それに見合った政策効果が得られるかの評価が行われる (総務省 [2017c]，別紙)。またそこでは，「一般分野」・「研究開発」・「公共事業」・「政府開発援助」・「規制」・「租税特別措置法等」につき，予算概算要求等に係る「評価書」が作成・公表される。

　具体例として，国土交通省における「事業評価方式」の「評価書」では，図表 2 - 2 の内容が開示されている。

　そこではまず，政策／施策の目標と業績指標が示される。そして，当該政策が必要であること (必要性)，および効率的かつ有効的であること (効率性／有効性) が，文章によって明示される。こうした記載により，費用に見合った効果が生じ得ることが内外に示される。

図表2－2　国土交通省「事業評価方式」・「評価書」の内容

表示項目	記述内容
施策等の概要・目的	・実施する施策の概要，目的および予算額が記述される。
政策目標・施策目標	・「○○を向上する」，「△△を軽減する」など，政策・施策の目標が記述される。
業績指標 （目標値・目標年度）	・「○○率・△△％／令和××年」という様に，業績の目標値と目標年度が示される。
施策等の必要性	**（目標と現状のギャップ）** ・当初目標と現状とのギャップの状況が文章で記述される。 **（原因の分析）** ・上記ギャップが生じた原因が，文章で説明される。 **（課題の特定）** ・ギャップを埋めるため取組むべき課題が特定され，文章で記述される。 **（施策等の具体的内容）** ・上記課題に対する取組につき，具体的に文章で記述される。
国の関与	・当該施策に対し，国がいかに関与していくべきかが，文章で記述される。
施策等の効率性	・「○○が推進され△△が向上する」という様に，施策の実施により効率化する内容が文章で記述される。
代替案との比較	・「代替案では○○が進まない」など，実施する施策の方が効率化に適していることが，文章で記述される。
施策等の有効性	・「○○が進む」など施策が有効性を持つこと，それにより目標の達成に寄与することが，文章で記述される。

出所：総務省，政策評価ポータルサイトを参照して作成。

　次に，「事業評価方式」における特別項目の事例として，国土交通省の「規制」の「評価書」では，図表2－3の内容が記載されている。

| 図表2－3 | 国土交通省「事業評価方式／規制」・「評価書」の内容 |

規制の目的・内容及び必要性	・規制を実施しない場合の将来予測，直面する課題などが文章で記述され，規制の目的が明らかにされる。 ・規制の具体的な内容が，文章で記述される。 ・規制手段選択の妥当性・必要性が文章で記述される。
直接的な費用の把握	・規制実施に必要な費用につき，文章で記述される。 ・必要となる費用につき，定量化・金銭価値化して示される。
直接的な効果（便益）の把握	・政策の具体的な効果（便益）につき定量化・金銭価値化して示される。 ・規制の緩和により削除される費用（便益に相当）につき，金銭価値化して示される。
副次的な影響及び波及的な影響の把握	・当該規制による副次的・波及的な影響（負の影響を含む）につき，文章で記述される。
費用と効果（便益）の関係	・明らかとなった費用と，その効果・便益との関係を分析し，効果・便益が費用を正当化できるかにつき，文章で記述される。
代替案との比較	・設定された「規制」に対するオプションとしての代替案につき，費用・効果（便益）の観点から比較衡量し，採用案の方が妥当であることが，文章で説明される。

出所：総務省，政策評価ポータルサイトに公表される評価書を参照して作成。

　「事業評価方式／規制」の「評価書」では，施策の必要性が，文章によって示されるとともに，金額として測定された，費用および便益が表示される。このうち便益は，経済学をベースとする「費用便益分析」（CBA; Cost Benefit Analysis）によって測定された，社会的成果の貨幣価額（円）である。これらの開示項目により，期待される政策効果，およびそれに要する費用が把握でき，実質的な政策効果を明確にすることができる。

4 ── 「実績評価方式」に基づいて開示される書類

　次に，府省「政策評価」制度の「実績評価方式」では，「施策」を評価の対象

とし，設定目標に対する実績が測定され，目標達成度合の評価が行われる（総務省［2017b］，13頁）。また近年では，新たな展開として「目標管理型の政策評価の実施に関するガイドライン」（平成25年12月20日，以下「ガイドライン」）が示されている。そこでは書類として，「事前分析表」，「目標管理型の政策評価に係る評価書」，「行政事業レビューシート」，「政策評価調書」が公表される。本節では，各書類の内容を説明する。

4.1 「事前分析表」の内容

「ガイドライン」によれば，政策評価の実施において，適切な目標設定が重要とされる。「施策」を実施するうえでの想定事項を事前に整理したうえで，事後の実績を踏まえてこれを検証していくことで，マネジメントの強化が可能となる（「ガイドライン」，2頁）。こうした問題意識のもとで，「政策評価各府省連絡会議」（平成25年12月20日）において，「施策」ごとの「事前分析表」の作成が決定されている。そこでの主な表示項目と記載内容が，図表2-4に示されている。

図表2-4 「事前分析表」の主な表示項目と記載内容

表示項目	記載内容
達成すべき目標	・「いつまでに，何について，どのようなことを実現するのか」を文章で記述。
業績指標	・達成すべき業績指標（○○率・△△％）の目標値と間近5年の実績値を数値で表示。 ・業績指標の選定理由を記述。 ・目標値設定の根拠を記述。
達成手段	・「施策」の目標を達成する手段となる「事業」を列挙。 ・「事業」ごとに，予算額を表示。 ・「事業」ごとに，達成手段の概要を文章で記述。 ・行政事業レビューにおける「事業番号」を明示。

出所：「目標管理型の政策評価の実施に関するガイドライン」，別紙1を参照して作成。

　図表のとおり，「業績指標」においては，指標（○○率・△△％）の目標値，および間近５年の実績値が表示され，当該指標を選定した理由，および指標における目標値設定の根拠が明示される。

　また表示項目の「達成手段」では，「施策」を構成する「事務事業」ごとに，予算額および当該事業達成のための手段が説明される。さらに，「達成手段」の目標となるアウトプットとアウトカムが示される[1]。

4.2　「目標管理型の政策評価に係る評価書」の内容

　当該年度の政策／施策／事務事業が実施されると，その見直し，もしくは改善を目的に，「目標管理型の政策評価に係る評価書」（以下，「評価書」）の作成が要請される。具体的には，「施策」の目標と実績が表示され，目標達成度合の評価が行われる（総務省［2016］，17頁）。「評価書」の主要な表示項目と記載内容を要約すると，図表２－５に示すとおりである。

図表２－５　「評価書」の主な表示項目と記載内容

表示項目	記載内容
達成すべき目標	・"いつまでに，何について，どのようなことを実現するか"を文章で記述。
予算額・執行額等	・間近４年の予算額と執行額を表示。
測定指標（実績値）	・○○率などの測定指標ごとに，実績値を表示。
目標達成度合	・測定指標ごとの目標達成の実績に照らし，"五区分のいずれに当たるか"，"その様に区分した判断根拠は何か"を文章で記述。
施策の分析	・目標未達成となった原因の分析結果を文章で記述。 ・達成手段が目標に寄与したかの分析結果を文章で記述。
次期目標等への反映の方向性	・達成すべき目標や測定指標の妥当性を検証し，見直す事項を文章で記述。

出所：総務省「政策評価ポータルサイト」に公表される「評価書」を参照して作成。

　表の中で，「目標の達成度合」の五区分については，「目標超過達成／目標達成／相当程度進展あり／進展が大きくない／目標に向かっていない」の区分が適用される（「ガイドライン」，3頁）。そのうえで，当該区分とした根拠が文章で記述される。

　次に「施策の分析」では，目標未達成となった原因が分析されるが，想定していなかった外部要因や，目標に掲げられなかった費用等の要素についても分析が行われる（「ガイドライン」，4頁）。

　また「次期目標等への反映の方向性」では，設定されていた目標の妥当性，および目標達成に効果のあった取組・工夫について分析され，必要となる見直し事項が記載される（「ガイドライン」，4頁）。

4.3 「行政事業レビューシート」の内容

4.3.1 改定前の「行政事業レビューシート」

　そして「目的管理型の政策評価」の構成要素である「行政事業レビューシート」は，「政策評価」とは別の制度である「行政事業レビュー」（平成25年4月閣議決定）において作成される書類である。その目的は，「各府省庁が所掌する事務事業の効果的・効率的な実施，並びに国民への説明責任の確保を図ること」（「行政事業レビューの実施等について」，平成25年）とされる。

　具体的な運営方法を見ると，各府省庁が，「事務事業」に係る予算の執行状況について整理した上で，毎会計年度終了後に，必要性・効率性・有効性の観点から実施結果を検証する（同上）。そのうえで当該事業の見直しを行い，その結果が予算要求・執行に反映されるとともに，外部にも公表される（同上）。

　また，「行政事業レビュー」は「事務事業」が基本単位であるため，これと「政策評価」で管理される「事務事業」とを紐づけることで，「施策」と「事務事業」の一体的把握が図られている[2]。

　さらに，その後の令和4年に，「EBPM」（第1章・第7節で説明）の推進により効果的な政府支出を徹底していくことが閣議で示され（「経済財政運営と改革の基本方針2022」），岸田文雄総理より，「行政事業レビュー」の見直しが指示されて

| 図表２－６ | 「行政事業レビューシート」（改定前）の主な表示項目と記載内容 |

表示項目	記載内容
事業の目的	・事業が目指す成果につき，文章で記述される。
事業概要	・事業の内容が，概括的に文章で記述される。
予算額・執行額	・過去三年／当年度／次年度の，当初予算額・補正予算額・執行額・執行率が表示される。
予算内訳	・当年度および次年度の歳出予算額が表示される。 ・次年度に増減がある場合，当該理由が記述される。
成果目標と成果実績 （アウトカム）	・定量的成果目標と成果指標を示したうえで，当該指標の過去三年の目標値・実績・成果達成度（＝実績値÷目標値）が表示される。
活動指標および活動実績（アウトプット）	・アウトプット（活動指標）の数量・率の当初見込と実績につき，過去三年分が表示される。
単位当たりコスト	・提供サービス一単位当たりに要したコストにつき，間近三年分の金額が表示される。
政策評価との関係	・「政策評価」で当該事業の上位の「政策」・「施策」が示される。 ・当該事業の上位の「施策」の「測定指標」につき，間近三年分の目標値と実績値が示される。 ・当該事業の成果により，上位「施策」の測定指標がどのようになるかの関係性が，文章で記述される。
国費投入の必要性	・事業所管部局により，"事業の目的は国民・社会のニーズを反映しているか"，"政策目的の達成手段として必要な事業か"などが○・△・×で評価され，評価に関する説明が文章で記述される。
事業の効率性	・事業所管部局によって，"単位当たりコスト等の水準は妥当か"，"費目・使途が事業目的に即し必要なものに限定されているか"などが○・△・×で評価され，評価に関する説明が文章で記述される。
事業の有効性	・事業所管部局によって，"成果実績は成果目標に見合っているか"，"活動実績は目標に見合っているか"などが○・△・×で評価され，評価に関する説明が文章で記述される。
事業所管部局による点検・改善結果	・事業所管部局による事務事業の点検結果，改善の方向性に関する説明が文章で記述される。

出所：総務省「政策評価ポータルサイト」に公表される「レビューシート」を参照して作成。

いる。そして，「EBPM」の手法を取入れた効果的な政策立案の施行を目途に，それまでの「行政事業レビューシート」に大幅な変更が加えられている。

　まず，改定前のレビューシートの，表示項目と記載内容を要約すると，図表2－6に示すとおりである。

　表のとおり，最初に「事業」の概要，次いで「事業」に対する「インプット」，即ち過年度／当年度／次年度の，当初予算額・補正予算額・執行額・執行率が表示されている。また，当年度および次年度の歳出予算額が表示され，次年度に増減がある場合には，その理由が記述される。

　その次に，「事業」の「アウトカム」および「アウトプット」が示される。「アウトカム」については，成果目標・成果指標を示したうえで，目標値，成果実績，達成度（＝実績値÷目標値）が数字で表示される。「アウトプット」については，事業の活動指標に対する実績につき，過去三年分が表示される。

　また，「政策評価との関係」についても説明される。「事業」の上位の「施策」につき，その測定指標の目標値と実績値（間近三年）が示される。そして，当該「事業」の成果によって，上位「施策」の測定指標がどのようになるかの関係性が記述される。例えば，「本事業により・・・を図ることにより，施策における・・・・の解消が図られる。」などの文面が示されている。

　さらに，「国費投入の必要性」，「事業の効率性」および「事業の有効性」につき，該当する項目が“○・△・×”で評価され，文章で当該論拠が説明される。これにより，予算執行後の成果が検証され，予算要求の意思決定に利用される。

4.3.2　改定後の「行政事業レビューシート」

　これに対し，改定後の「行政事業レビューシート」では，「EBPM」の枠組みに基づいた項目が開示される。これをまとめると，図表2－7のようになる。

　第1章で説明されたとおり，「EBPM」では，統計・データ等の"エビデンス"を利用しながら，「①現状把握」に基づいて「②インパクト」の予測が行われ，これを踏まえて「③課題設定」が行われる。そしてこれを元に，「④アウトカム」→「⑤アウトプット」→「⑥アクティビティ」→「⑦インプット」→「⑧測定指標」

図表２－７　「行政事業レビューシート」（改定後）の主な表示項目と記載内容

表示項目	記載内容
事業の目的	・事業が目指す成果につき，文章で記述される。
現状・課題	・事業の現状と課題が文章で記述される。
予算額・執行額 （インプット）	・過去三年／当年度／次年度の，当初予算額・補正予算額・執行額・執行率が表示される。
活動内容 （アクティビティ）	・事業の活動内容（アクティビティ）が文章で記述される。
活動目標及び活動実績 （アウトプット）	・活動目標が文章で記述される。 ・活動指標（アウトプット）の数量・率の当初見込と実績が示される。
成果目標及び成果実績 （短期アウトカム）	・成果目標が文章で記述される。 ・定量的な成果指標を示したうえで，当該指標の過去三年の目標値・実績・成果達成度（＝実績値÷目標値）が表示される。 ・成果目標の設定理由（アウトプットからのつながり）が文章で記述される。 ・成果実績及び目標値の根拠として用いた統計・データ名（出典）が示される。
成果目標及び成果実績 （中期アウトカム）	・成果目標が文章で記述される。 ・定量的な成果指標を示したうえで，当該指標の過去三年の目標値・実績・成果達成度（＝実績値÷目標値）が表示される。 ・成果目標の設定理由（短期アウトカムからのつながり）が文章で記述される。 ・成果実績及び目標値の根拠として用いた統計・データ名（出典）が示される。
成果目標及び成果実績 （長期アウトカム）	・成果目標が文章で記述される。 ・定量的な成果指標を示したうえで，当該指標の過去三年の目標値・実績・成果達成度（＝実績値÷目標値）が表示される。 ・成果目標の設定理由（長期アウトカムへのつながり）が文章で記述される。 ・成果実績及び目標値の根拠として用いた統計・データ名（出典）が示される。

出所：ホームページ「政府の行政改革」（内閣官房行政改革推進本部事務局）。

の順で設定され，“ロジック”（政策手段と目的の論理的つながり）が明確化される。そのうえで，“ロジック”内の「アウトプット」・「アウトカム」・「測定指標」を定量化し，それらに基づいて，政策の見直し・立案・選択が行われる。

　改定後の「行政事業レビューシート」では，“ロジック”の順序を踏襲し，「インプット」→「アクティビティ」→「アウトプット」→「アウトカム」の順に項目が示される。それらは，指標の目標値と実績値が中心であるが，(a)「現状・課題」が示されること，(b) 上流から下流（例えばアウトプットから短期アウトカム）への“論理的つながり”が説明されること，(c) 実績及び目標値の“エビデンス”として用いた統計・データが示されることから，「EBPM」を意識した開示項目となっている。

4.4 「政策評価調書」

　「政策評価調書」は，「政策」ごとの評価結果を予算編成において適切に活用するため，結果の概要や概算要求への反映状況等を記載したものである。予算編成と当該執行の透明化を図るため，平成22年度概算要求から，当該書類がホームページで公開されている。

　「政策評価調書」の重要な表示項目は，「政策」の目標達成度である。そこでは，「相当程度進展あり／進展が大きくない／モニタリング中」のいずれであるかを示したうえで，文章によってその達成度合が記述される。

　また，もう一つの重要項目は「予算額」である。「政策」の予算科目が「一般会計／特別会計」・「組織／勘定」・「項」・「事項」に分類され，当該単位で「当年度当初予算額」および「次年度概算要求額」が表示される。

5 ── 「総合評価方式」に基づいて開示される書類

　最後に「総合評価方式」は，「政策」の決定から一定期間を経過したのち，その見直しと改善を目途に，特定の「テーマ」を決めて，効果の発現状況分析，問題点把握および原因分析をする方式である。つまりそこでは，非定型の文書

形式により，特定の「テーマ」を分析して「評価書」が作成される。その事例
として，図表２－８に，国土交通省／評価書の記載事項が示されている。

| 図表２－８ | 国土交通省「総合評価方式・評価書」の記載事例（抜粋・要約） |

テーマ名： "○○マネジメント制度"

評価の目的・必要性
　○○（業者）において，自主的な安全管理体制の構築が的確に実施されている
かについて，施策の成果を検証し，輸送の安全確保を徹底するために国土交通省が
取組むべき施策の方向性をまとめる。

政策の目的
　経営トップから現場まで一丸となって安全管理体制の構築を目指すこと，構築
された安全管理体制を内部監査などによってチェックし，改善されていくことな
どを目的とする。

評価の視点
　"○○マネジメント制度"が○○の自主的な安全管理体制の確立に貢献している
か。

評価手法
　"○○マネジメント制度"の取組の達成状況，状況の変化等を分析。

評価結果
　・"○○マネジメント制度"を評価し，項目の充足率が比較分析された。
　・鉄道・自動車・海事の事故件数状況が分析された。
　・事業者へのヒアリングの結果が分析された。

政策への反映の方向
　今後の取組の方向性として，内部監査強化のための支援，事故防止対策の推進
などについて提示。

出所：総務省「政策評価ポータルサイト」に公表される「評価書」をもとに作成。

　この様に，「総合評価方式」の「評価書」では，政策／施策の中で重要な「テー
マ」を政策担当者が選び，評価手法を明示したうえで，事後評価が行われる。

このうち「評価結果」では，内在する問題点も顕現化される。そしてこれをもとに，「政策への反映の方向性」において，如何なる取組を行っていくかが示される。

6 —— おわりに —開示情報の問題点の抽出—

　以上のとおり，本章では，わが国府省が実施する「政策評価」制度で開示される書類の記載内容が概観された。評価法第10条・「評価書の作成」に依拠して三方式で作成される諸書類につき，その記載事項が説明されたわけである。

　そして，当該サーベイからピックアップできる包括的問題点は，次の二つである。

①政策の「経済性」評価に利用できるのは，歳出の予算および実績額が中心であり，発生主義に基づくコスト情報，およびストック情報が十分でない。

②政策の「アウトカム」・「インパクト」値は「目標達成度」が中心であり，それに基づく「有効性」評価は"文章"により行われるため，評価の非客観性が問題となる。

　まず①の，政策の「経済性」について言えば，求められる「アウトプット」に対して「インプット」の価額が少なければ，「経済性」のレベルが高いと評価される（宮本［2013］，15頁）。そして実務では，歳出の予算および実績額などの「会計情報」が当該評価に利用されている。しかし開示書類において，減価償却費や退職給付引当金繰入額など，発生主義に基づくコストが十分に示されていない。また，資産や負債の情報も詳細には開示されていない。精緻に「経済性」を評価するには，これらの項目も開示すべきと考えられる。

　次に②の，「有効性」について見れば，この評価に利用される「アウトカム」値につき，現行では目標値に対する実績値の割合が中心であり，それをもとに"文章"によって当該評価がされる。そのため，評価の非客観性の問題が浮かび上がる。これに対し，「アウトカム」を貨幣価額で把握できれば，一層客観的な

評価が可能となる。そして第1章で説明されたとおり，EBPMの一環で実施される「効果検証」でも，統計手法を用いた「アウトカム」・「インパクト」の貨幣価値換算が推奨されている。こうした取組により，「政策評価」制度の信頼性向上が期待できる。

　以上の二点が，「政策評価」制度における開示情報の包括的な問題点である。そこで以降の章では，まず，「経済性」評価に有用となる「会計情報」の特定を行う（第3章・第4章）。続いて，「有効性」評価に用いる「アウトカム」・「インパクト」値につき，貨幣価値換算の方法と価額の妥当性について考察する（第5章・第6章・第7章）。

【注】

1）行政活動に投入された資金である「インプット」により産出したサービスが「アウトプット」であり，そこからもたらされる成果が「アウトカム」である（総務省［2017a］，17頁）。

2）「政策評価」の「事前分析表」においては，そこで管理される「事業」ごとに番号を付与されており，かつこれを「行政事業レビュー」の番号と共通化している。これにより二つのシステムを連携させ，政策の見直し・重点化，予算の縮減・効率化が図られている（総務省［2016］，23頁）。

第3章

政策の「経済性」評価に有用な「会計情報」の特定
―演繹アプローチによる特定―

1 ── はじめに ―考察の目的―

　第2章で，わが国府省の「政策評価」制度において作成される諸書類につき，その記載事項が説明された。そして，当該サーベイからピックアップされた包括的問題点の一つとして，政策の「経済性」評価に利用できるのが主に措置予算額およびその実績額であり，発生費用およびストックの情報が十分でないことが示された。

　政策の「経済性」は，通常「インプット」の多寡によって評価される。求められる「アウトプット」に対して「インプット」の価額が少なければ，「経済性」のレベルが高いと評価される（宮本 [2013]，15頁）。現行では，政策／施策／事務事業の予算および実績額が，当該評価に利用されている。しかしそこでは，減価償却費や退職給付引当金繰入額など，発生主義に基づくコストが十分に表示されていない。また，ストック（資産・負債）に関する情報も詳細には開示されない。これらを含む「会計情報」（accounting information）は，社会的基準および通説理論に依拠して測定された価額であり，一定の客観性が確保されている。そこで，政策／施策／事務事業の「経済性」を精緻に評価するには，歳出項目のみならずこれらの「会計情報」についても開示すべきと考える。

　また，近年に導入が進められている「EBPM」においても，「会計情報」が

有用となり得る。「EBPM」では，「インプット（予算）」の必要性の根拠となる「データ・ファクト等」が“エビデンス”とされる（第1章・第6節参照）。そこで，歴史的事実としての「会計情報」は「データ・ファクト等」となり得るため，「EBPM」における「インプット」設定の根拠として利用が可能となる。

さらに，一部の地方政府では「セグメント会計」（segment accounting）が導入され，事務事業を単位とする「会計情報」の開示が進められている（第4章参照）。具体的には，事務事業ごとにストックとフローの計算書が作成され，その情報を「政策評価」システムに取り込むことで，業績評価と次期予算の決定に役立てられている。そこには当然に，資産・負債や発生費用の情報が含まれている。そこで中央政府（府省）でも，事務事業単位でストックとフローの「会計情報」が把握され，それと「政策評価」制度とが連携されれば，「経済性」評価の更なる精緻化が期待できる。

以上の様な問題意識から，本章は，政策の「経済性」評価，および「EBPM」における「インプット設定」に有用となる「会計情報」の特定を目途にする。そのため，まず「政策評価」の「基本目的」[1] は何であるかを明確にする。そして，それを達成するために有用となる「会計情報」につき，「演繹アプローチ」，即ち当為（いかにあるべきか）を設定しそこから特定理論・基準・規定により必然的結論に到達しようとする研究方法によって特定をする [2]。

以下の考察では，当為として“発生費用とストックの情報により精緻に「経済性」を評価すべき”を設定とし，まず第2節で，わが国およびアメリカの「政策評価」制度において，如何なる「基本目的」が規定されているかを明確にする。そして第3節において，この「基本目的」の達成を可能にする「会計情報」につき，「演繹アプローチ」に依拠して特定する。そして第4節で，当該情報が「経済性」の精緻な評価に有用となるかを検証する。

2 ── 「政策評価」の「基本目的」の特定

本節では，最初に，わが国府省の「政策評価」制度で規定される「基本目的」

を示す (2.1)。次いで，アメリカ政府会計基準審議会 (Governmental Accounting Standards Board：以下，GASB)，およびアメリカ連邦会計基準諮問審議会 (Federal Accounting Standards Advisory Board：以下，FASAB) で規定される「政策評価」の「基本目的」を説明する (2.2)。

2.1　わが国府省「政策評価」制度の「基本目的」

わが国府省の「政策評価」制度は，「行政機関が行う政策の評価に関する法律」（平成十三年法律第八十六号）に依拠して施行される。第一章「総則」では，「政策評価」の「基本目的」が以下のように規定されている。

> この法律は，行政機関が行う政策の評価に関する基本的事項等を定めることにより，政策の評価の客観的かつ厳格な実施を推進しその結果の政策への適切な反映を図るとともに，政策の評価に関する情報を公表し，もって効果的かつ効率的な行政の推進に資するとともに，政府の有するその諸活動について国民に説明する責務が全うされるようにすることを目的とする。

これを見ると，「政策評価」の「基本目的」とは，①評価結果を政策へ反映すること，②評価結果をもとに効果的・効率的な行政を推進すること，③国民に対する「説明責任」を達成すること，の三点に括ることができる。

そしてこれらは，「政策評価に関する基本方針」（平成17年12月閣議決定）での指摘とも合致している。そこでは，政策の効果等に関して測定・分析して客観的評価を行い，政策の立案・実施に資する情報を得て，これを予算要求に活用すべきとされる（総務省［2017］，6頁）。さらに，当該情報を公表することで，国民に対する行政の「説明責任」が達成されると考える（同上，1頁）[3]。

そこで，まず上記①の"新政策立案と予算編成"，および上記②の"効果的行政の推進"の「基本目的」が，「政策評価」制度において如何に達成されているかを見る。わが国府省の同制度では，PDCAサイクルの"C"，即ちチェック・プロセスでの実施が基本的枠組とされ，かつ当該プロセスは予算編成と連携している（宮本［2021］，2頁）。つまり，政策をチェック（評価）し，その結果をも

とに，新たな政策の決定（PDCA サイクルの "P"），および効果的な事業の推進（PDCA サイクルの "D"）へと繋げることが，「政策評価」の目指す所である。

　次に，上記③の，"国民に対する説明責任の達成" の「基本目的」につき，「政策評価ポータルサイト」が，総務省のホームページで公開されている。各府省が実施した三方式（第 1 章にて説明）による評価結果につき，国民に対して開示することで，「説明責任」達成の「基本目的」を満たすことを目指している。

2.2　GASB が規定する「政策評価」の「基本目的」

　次に，「政策評価」について先進的に研究され，わが国にも影響を与えた，アメリカの場合について見ていく。同国の地方政府が実施する「政策評価」の「基本目的」については，GASB が公表する概念書で示されている。

　GASB 概念書第 2 号（以下，GASB [1994]）では，「政策評価」の結果を記載する書類を「サービス提供の努力と成果に関する報告」(Service Efforts and Accomplishments Reporting，以下 SEA 報告）と名付けている（GASB [1994]，par.50)。これは，「説明責任を査定するさいに，また情報にもとづいた意思決定を行うさいに必要であるという考え方に基づいて設定される」(*ibid.*, par.54)。そして，SEA 報告の「基本目的」につき，以下のように規定されている (*ibid.*, par.55)。

　　提供されたサービスの経済性・効率性・有効性を利用者が査定するのに役立つように，損益計算書，貸借対照表，予決算報告書，附属明細表では提供できないような，充実した，政府機関の業績についての情報を提供する。

　これら，パラグラフ 54 および 55 の規定を見れば，「政策評価」の「基本目的」とは，①「説明責任」を査定できる情報の提供，②提供サービスの経済性・効率性・有効性を査定できる情報の提供，の二点に要約ができる。

　次に，規定では，情報利用者について明示がされていないため，①と②につき，誰が査定者であるかを考える。

　まず①について，パラグラフ第 54 で，「説明責任を査定（assessing）するさい

に」とある。この，「査定する」主体について，住民が政府の「説明責任」達成度合を査定するのか，あるいは政府自身が住民に対する「説明責任」の達成度合を査定するのか，二つが想定でき得る。この点につき GASB では，SEA 報告の主たる情報利用者が住民であることを明確に規定している（*ibid.*, par.15）。また，SEA 報告が公表を前提とすることからも，「説明責任」の達成度合は，住民など外部者によって査定されるものと斟酌できる[4]。

　次に，②について，「査定する」主体は，政策担当者に特定できる。「政策評価」の基本的枠組の一つは「ロジック・モデル」[5] であり，これに従えば，政策担当者が主体となって，投入資源（インプット）の「経済性」，提供資源（アウトプット）の「効率性」，およびサービス効果（アウトカム）の「有効性」が査定される。そして，当該査定に基づいて，次期予算の策定が図られる。

　以上より，GASB が規定する「政策評価」の「基本目的」は，次の二点にまとめることができる。

・住民による政府の「説明責任」達成の査定に資する情報の提供。
・政策担当者による次期予算決定のためのサービスの経済性／効率性／有効性の評価に資する情報の提供。

2.3　FASAB が規定する「政策評価」の「基本目的」

2.3.1　FASAB が規定する財務報告の「基本目的」

　アメリカの連邦政府（州政府）が実施する「政策評価」制度において，その「基本目的」は，会計基準の設定機関である FASAB が公表する概念書において規定されている。概念書第 1 号によれば，財務報告の「基本目的」は，以下の四つとされる。

・「予算遵守」につき，財務報告は，歳入と歳出に関する公的説明責任の履行義務を政府が全うするのに，役立てる（FASAB [1993], par.11）。
・「活動業績」につき，財務報告は，サービス・コストとサービスの成果，資金調達方式，資産・負債の管理を，利用者が評価するのに役立てる（*ibid.*, par.11）。

・「受託責任」につき，財務報告は，当該期間の政府活動・投資の国家に対する影響，その結果としての財政状態の変化および将来生じる変化を，利用者が評価するのに役立てる（*ibid.*, par.11）。

・「システムとコントロール」につき，財務報告は，財務管理システムと内部管理に対するコントロールが，取引の適切な実施を確保し，資産を保全し，業績測定を支援するのに適切であったかを利用者が評価するのに役立てる（*ibid.*, par.11）。

　これらの規定は，連邦政府の内部，および外部の利用者に対して有用な情報を提供し，「説明責任」を果たすための指針である（*ibid.*, par.3）。中でも，「予算遵守」と「活動業績」に関してはとくに責任を持つべきであり，この二つを査定できる情報が「説明責任」を果たすものとされる（*ibid.*, par.71）。また，「説明責任」達成の結果としての「意思決定有用性」についても，政府財務報告の価値を構成し，「基本目的」の基礎となる（*ibid.*, par.71）。

　したがって，FASAB が規定する財務報告の「基本目的」とは，「予算遵守」および「活動業績」が査定でき，新たな意思決定ができる情報の提供である。またこれらを内部・外部に提供することで，同時に「説明責任」達成の「基本目的」を果たすことができると FASAB は考える。

2.3.2　事業単位の報告による「基本目的」の達成

　以上の様にして，FASAB 概念書第 1 号は財務報告の「基本目的」を規定するのであるが，ここで言う財務報告とは，組織全体のストックおよびフロー情報の，表示・開示を意味するものである。

　これに対し，政策／施策／事業の財務報告の「基本目的」については，同概念書第 2 号において規定が示されている。そこでは，政策／施策／事業の「予算遵守」を最重要と考え（FASAB [1995], par.63），これを査定するために「予算資源報告書」（statement of budgetary resources）が規定される。当該報告に相応しい要素には，予算額（議会承認済），および支出額（債務発生正味金額）が挙げら

れる（*ibid.*, par.104）。

　また同概念書では，「活動業績」査定の「基本目的」を達成する書類として，政策／施策／事業のサービス提供努力と成果を示す「プログラム業績測定値報告書」（statement of program performance measures）が規定される（*ibid.*, par.65）。そこでは，アウトプットとアウトカムの測定値が示され[6]，その時系列比較によって「活動業績」が査定される（*ibid.*, par.104）。

　さらに同概念書では，政策／施策／事業のコストについて，「純コスト計算書」（statement of net costs）で開示すべきとされる（*ibid.*, par.59）。この計算書では，提供サービスの総コストから，手数料・使用料などの歳入を差引いた純コストが示される。ただし，歳入額に税収を含めないことから，ボトムラインの価額は，提供されたサービス活動がどの程度税金で賄われたかを示すものとなる。この計算書を利用すれば，提供サービスとその金額が明確となるため，政府の「活動業績」を把握することができる。

　この様に，政策／施策／事業単位の財務報告は，政府全体のそれと同様に，「予算遵守」および「活動業績」が査定できる情報の提供が「基本目的」と言える。また，当該情報を外部に提供することで，同時に「説明責任」達成の「基本目的」を果たすことも可能になる。

3 ──「政策評価」制度の 「基本目的」を達成する「会計情報」

　以上により，わが国府省，アメリカ地方政府および州政府における，「政策評価」の「基本目的」が概観された。そこで本節では，上掲三政府の規定を集約・演繹しながら，「基本目的」を達成するため開示されるべき情報を特定していく。冒頭で述べられたとおり，「会計情報」は，制度的・理論的なバックボーンを持ち，一定レベルの信頼性が具備されている。そこで，「政策評価」制度の「基本目的」を達成する「会計情報」につき，当為を "発生費用とストックの情報により精緻に「経済性」を評価すべき" としたうえで，演繹的に特定する。

3.1 「説明責任」達成度合の査定に資する「会計情報」の特定

既述のとおり,「政策評価」の「基本目的」のうち,「説明責任」の達成度合査定の「基本目的」は,三政府ともに最重要と位置付けている。そこで,当該目的を達成する「会計情報」を演繹的に特定していく。

3.1.1 「説明責任」概念の一部を構成する「期間衡平性」概念

政府の「説明責任」とは,行政サービスの成果を,情報開示によって外部に示す責任と言える。当該開示の主な対象につき,GASB [1994] では,「住民」と規定される。政府への資金提供者でもある「住民」により,「説明責任」の達成度合を査定することが,「政策評価」の本義と考えるのである。したがって,「説明責任」の「基本目的」が十分に達成できたと判断されるのは,行政サービスの成果査定に資する情報が「住民」に提供され,当該査定が実行できたと納得されたときである。

そこで,如何なる情報が示されれば,「説明責任」査定ができ得るかを考える。特にここでは,演繹的アプローチを前提とし,「説明責任」概念から派生する「期間衡平性」概念に着目して,そこから当該情報を導出していく。

GASB概念書第1号(以下,GASB [1987])では,「期間衡平性」概念が,「説明責任」概念の重要部分を構成し,行政運営の基礎をなすものとされる(GASB [1987], par.61)。当該概念の趣旨を端的に表すのが,「当該年度のサービスに関わる支出負担を,将来年度の納税者に転嫁するようなことがあってはならない」(*ibid.*, par.60)という規定である[7]。

3.1.2 「期間衡平性」の査定を達成するストック情報

そして,「期間衡平性」の査定は,財務書類を用いた分析により達成が可能となる。貸借対照表においては,純資産が過去の住民負担分,負債が将来の住民負担分を表すため,その比率を分析することで,「期間衡平性」の査定を行うことができる(宮本 [2007], 59-60頁)。資産総額に対する負債総額の割合が多ければ,

将来の住民に負担が増え，「期間衡平性」が損なわれたと判断される。

　ただし負債であっても，事業費などの財源となる負債と，固定資産（事業用資産・インフラ資産）の形成に充当された負債とでは，性質が異なる。前者は，当該費用によって当期の住民が便益を受ける一方で，将来の住民に全ての負担が転嫁される。これに対し後者では，将来の住民も便益を受けることができる。そこで，税収（当期事業費充当分）＜短期借入金（流動負債）＜長期借入金（固定負債）の順で，住民負担が長期に及ぶことになる。

　以上より，「政策評価」制度の「基本目的」である「期間衡平性」の査定，延いては「説明責任」達成の査定に資する「会計情報」として，貸借対照表／流動負債・固定負債の価額を特定することができる。

3.1.3　「期間衡平性」の査定を達成するフロー情報

　また，フロー情報，即ち活動に供される現金等の実体勘定に対する名目勘定を表示する財務書類においても，「期間衡平性」の査定ができ得る。

　当該書類に表示されるのは，主に費用（政府会計では“コスト”と呼ばれる場合が多い）である。そこには，減価償却費，退職給付引当金繰入額なども含まれる[8]。他方，当該財源となる収入として，税金，上位機関からの補助金，手数料・使用料の類が表示される[9]。

　そして，費用と収入との差額が，「期間衡平性」の査定に資する情報となり得る。収入は，当期の「住民」が負担する税金が主なものである。他方，費用は，当該財源の使途であり，当期の「住民」への提供サービス額である。そしてその差額につき，収入超過の場合は当期の「住民」の負担増となり，費用超過の場合は将来の「住民」の負担増となる可能性がある。

　したがって，“費用と収入の差額”が，「期間衡平性」の査定にとって有用となる。延いては，これらの情報を開示することで，「説明責任」（期間衡平性の上位概念）の達成にもつながる。

3.2 業績評価と次期予算決定に資する「会計情報」の特定

3.2.1 業績評価と次期予算決定の「基本目的」

　「説明責任」の他に，第2節の論考からピックアップできる「政策評価」の「基本目的」とは，"活動業績の把握" および "次期予算決定に資する情報の提供" である。

　わが国の府省「政策評価」制度では，PDCA サイクル中の "C"，即ちチェック・プロセスにおいて，活動業績を測定・評価することが，基本的枠組の一つとされる（本章 2.1 を参照）。そして当該プロセスから，"A"，即ちアクション・プロセス（改善）を経て，次期の "P"，即ちプラン・プロセス（計画）へと進んでいく。活動業績の評価（チェック）をもとに，改善点を顕現化（アクション）させ，次年度の予算策定（プラン）へと進むのである。

　また GASB では，次期予算を決定するため，提供サービスの経済性／効率性／有効性の評価に資する情報を提供することが，「政策評価」の「基本目的」に挙げられている（GASB [1994], par.16）。インプット情報により「経済性」，アウトプット情報により「効率性」，アウトカム情報により「有効性」が評価される。そして，これに基づいて次期予算を編成することが，「政策評価」の「基本目的」とされる。

　さらに，FASAB では，測定されたインプット／アウトプット／アウトカムの測定値をもとに，適切な予算編成を実施することが，「政策評価」の「基本目的」とされる（FASAB [1993], par.71）。

　以上要するに，「政策評価」制度の「基本目的」の一つは，活動業績を政策担当者が評価すること，これに基づいて次期予算決定に資する情報を提供すること，の二点に括ることができる。

3.2.2 業績評価と次期予算決定に資する「会計情報」

　そこで，活動の業績評価と次期予算策定に資する様な「会計情報」を具体的に特定していく。

　制度的・理論的なバックボーンを持つ「会計情報」は，"取引" という経済的

活動の結果量につき、"円"という共通尺度で測定したものであり、その客観性は相対的に高い。現行の「政策評価」制度では、当該情報に分類される項目として、支出額（予算／実績額）が、諸書類で開示されている。これは、活動業績を直接的に示す数値であるため、業績評価と次期予算策定の「基本目的」を達成するため有用な情報となる。

次に、上述（3.2.1）によれば、「政策評価」に必要な情報として、「インプット／アウトプット／アウトカム情報」が挙げられている。当該情報のうち「会計情報」を特定すると、まずインプットには、従業員コスト、消耗品費、設備費、サービス・コスト（教育・交通・道路保守・治安維持）が挙げられる（GASB [1994]、par.50a）。アウトプットには、交通機関の乗客一人当たりのコスト、補修された道路の車線マイル数当たりのコストが挙げられる（*ibid.,* par.50b）。またアウトカムには、一定の習熟度を達成した学生一人当たりのコスト、予定時刻に駅に到着した乗客一人当たりのコストが挙げられる（*ibid.,* par.50b）。

以上より、支出額（予算／実績額）、および従業員コスト、消耗品費、設備費、サービス・コスト（教育・交通・道路保守・治安維持）が、活動業績を把握でき、次期予算決定に利用が可能な「会計情報」として特定できる。

3.3 「予算遵守」の査定に資する「会計情報」の特定

FASAB の規定では、政府の内部および外部の利用者に対して有用な情報を提供し、「説明責任」を果たすことが重要とされる（FASAB [1995]、par.3）。中でも、政策／施策／事業の「予算遵守」に関しては特に責任を持つべきであり、当該査定に資する情報提供が、「政策評価」の「基本目的」と規定される（*ibid.,* par.63）。

そして FASAB 概念書第2号では、「予算遵守」査定のため「予算資源報告書」（statement of budgetary resources）が規定され、主たる表示項目として、「議会承認済予算額」および「支出額」が示される（*ibid.,* par.104）。

「議会承認済予算額」は、予定される収入に基づいて決定されるため、当年度における実際の「支出額」がこの金額を上回らなければ、「予算遵守」ができた

と査定できる。そこで，これらを開示することで「説明責任」が達成されるため，有用な「会計情報」に含めることができる。

4 ── おわりに ─「経済性」評価に有用となる会計情報─

　以上のとおり本章では，「経済性」評価に有用となる「会計情報」を特定するため，まず，「政策評価」制度の「基本目的」につき，権威のある内外三機関の規定を参酌してサマライズした。そのうえで，当該目的を達成するのに有用となる「会計情報」につき，当為を"発生費用とストックの情報により精緻に「経済性」を評価すべき"としたうえで，演繹的アプローチにより特定した。

　まず，要約された「政策評価」制度の「基本目的」とは，住民等に対する「説明責任」達成の査定に資する情報の提供，および次期予算策定に資する情報の提供，の二点である。即ち，資金提供者である住民が政策実施の結果を査定できること，および政策担当者が次期予算の決定に利用できることが，「政策評価」制度の目指す所である。

　そして，その様な「基本目的」を達成するため利用できる「会計情報」として，以下の項目が特定された。

　・流動負債の総額・固定負債の総額
　・費用と収入の差額
　・従業員コスト，消耗品費・設備費，サービス・コスト
　・議会承認済予算額，支出額

　そこで，以上の様な「基本目的」から演繹された「会計情報」につき，「経済性」を評価するのに有用であるかを考える。

　既述のとおり，GASB が規定する「政策評価」の「基本目的」の一つは"次期予算決定のためサービスの経済性／効率性／有効性の評価に資する情報の提供"である。「経済性」評価に資する情報の提供が目的となるため，そこから演繹される「会計情報」は明らかに有用と言える。

　次に，FASAB が規定する「政策評価」の「基本目的」には，「予算遵守」および「活動業績」が査定できる情報の提供があった。「予算遵守」の査定が可能ということは，支出の多寡が把握できることでもある。また，「活動業績」の査定には，コスト情報，および将来支出を把握するための負債情報が有用となる。これらは，過去および将来の支出の多寡が把握できるものである。したがって，ここで特定された「会計情報」は，支出の多寡，即ち「経済性」の評価にとって有用なものとなる。

　以上より，上掲の「会計情報」を「政策評価」で利用すれば，政策／施策／事業の「経済性」評価の精緻化に役立てることが可能と考える。さらに，「EBPM」における「データ・ファクト等」として「会計情報」を用いれば，「インプット」の立案，即ち次期予算策定にも役立てることが可能と判断する。

【注】

1 ）GASB［1987］の翻訳書である藤井監訳［2003］では，"objectives" につき「基本目的」と訳されており，ここではそれに倣っている。

2 ）この点は，宮本［2015］，13 頁を参照。

3 ）このため，各行政機関の実情に応じ，政策評価担当組織が中心となって評価結果の取りまとめや政策への反映を推進するとともに，予算・税制等の取りまとめ部局との連携を確保するなど，「政策評価」の政策への反映の実効性を高めるための仕組みを設けるべきとしている（総務省［2017］，6-7 頁）。

4 ）このほか GASB［1994］では，情報利用者として，政策担当者，議員，市長を挙げている。詳しくは，宮本［2013］，18 頁参照。

5 ）ロジック・モデルにつき，詳細は W. K. Kellogg Foundation［2004］を参照。

6 ）FASAB［1995］によれば，サービス提供の努力や成果を示す測定値として，アウトプットの測定値，即ち提供サービス・生産物の量や，特定グループの中で一定の質的要件を満たしたサービス・生産物を提供しているものの割合と，アウトカムの測定値，即ちサービスの提供によって生じた成果または結果とがある（FASAB［1995］, par.106）。

7 ）「期間衡平性」が，「説明責任」の含意を指し示す鍵概念となり得ている（藤井［2005］，9 頁）。「期間衡平性」概念が行政運営の基礎をなすものとされたのは，アメリカで，19 世紀から 20 世紀初頭にかけて地方債発行の濫用が起こり，この経験から予算・会計・財務報告制度が形成されたことに起因する（GASB［1987］, par.81）。

8）固定資産形成支出や出資金・貸付金は費用ではないため，これとは別の"純資産変動計算書"に表示される場合もある。このとき，行政コスト計算書の差額は，純資産変動計算書と連携する。詳しくは，宮本［2017］・第 16 章および第 17 章を参照。

9）税収については，"収益であるか純資産であるか"の論争がある。わが国の地方政府では，主に「新地方公会計制度実務研究会報告書」（平成 26 年）の規定に従い，税収を収益とせず純資産としている。他方で東京都では，税金を収益に計上している。

—— 第4章 ——

政策の「経済性」評価に有用な「会計情報」の特定
—帰納アプローチによる特定—

1 —— はじめに —考察の目的—

これまでの考察により，「政策評価」制度の開示情報の問題点として，「経済性」[1] の評価に利用できる情報が十分でないことが指摘された（第2章）。そして「演繹アプローチ」によって，当該評価に有用となる「会計情報」（accounting information）が特定された（第3章）。

本章は，この「演繹アプローチ」と相反関係にある「帰納アプローチ」により，「経済性」評価に有用な「会計情報」を特定することを途とする。「帰納アプローチ」は，事実観察や経験に依拠しつつ結論導出しようとする研究方法である（徳賀［2012］，144頁）。本章の考察により，"演繹"と"帰納"の両面から，「経済性」評価に有用な「会計情報」の特定が達成される。

そして，当該情報の帰納的措定を行うには，「政策評価」制度の統括部署である総務省の見解を分析するのが，一つの方法と言える。同省は，長らく「政策評価」制度を運営して観察・経験を積み，それをもとに多くの文書を公表している。したがって，そこで集積された知見を分析し，「経済性」評価に有用な「会計情報」を特定する方法は，「帰納アプローチ」に即したものとなる。

この様な問題意識から，本章では，総務省が公表した「新地方公会計制度実務研究会報告書」（以下，総務省［2007］）に焦点を当てる。この文書では，政府会

計（公会計）の特質につき，「資源配分」・「所得再分配」・「経済安定化」の機能
（財政三機能）を持つ財政活動が記録・処理されたものと考えられている（総務省
[2007]，138頁）。そして当該情報を利用することで，政府活動の業績を評価すべ
きとされる（同上，138頁）。同省における長年の経験・観察の結果，政策実施に
より財政三機能が発現した状況（即ち成果）につき，「会計情報」に依拠して評価
するべきという結論に"帰納"したわけである。

　そのためここでは，まず財政三機能の発現状況を評価するのに有用な「会計
情報」を特定し，その中から，政策の「経済性」評価に有用となる「会計情報」
をピックアップする。

　ただし，以上に述べた事柄は，政府全体の情報についてのものであり，他方
「政策評価」制度は，政策／施策／事務事業の情報が表示の対象である。この点
については，一部の地方政府で実施されている「セグメント会計」を参酌する
必要がある。当該政府では，政府全体の「会計情報」を「事務事業」単位にセ
グメント化し，これを「政策評価」に利用している。

　そこで本章では，最初に，財政の三機能の発現につながる取引事象とそれが
表示される計算書を見ていく（第2節）。そしてそれらをもとに，政策の「経済性」
評価に有用となる「会計情報」につき，「帰納アプローチ」に基づいて特定する
（第3節）。そのうえで，「セグメント会計」の情報を開示する地方政府のケース
を紹介し，政策の「経済性」評価に有用な「セグメント会計情報」がそこにお
いて表示されていることを示す（第4節）。

2 —— 財政三機能の取引事象と表示される計算書

　以上のように本章では，政策の「経済性」評価に有用となる「会計情報」に
つき，「帰納アプローチ」によって特定することを目途とする。

　前章では，会計の"基準"や"通説的理論"を拠り所とする「演繹アプロー
チ」により，政策の「経済性」評価に有用となる「会計情報」が措定されている。
他方，それと相反的である「帰納アプローチ」では，政府における観察結果や

経験知をもとに作成された文献を分析し，そこから結論を“帰納”できる。

　そこで，総務省の公表文献である，総務省［2007］を見ると，行政活動の成果を評価するには，「資源配分」・「所得再分配」・「経済安定化」の三機能（財政三機能）の発現につながる取引事象の価額を開示するのが有効とされる（総務省［2007］，138 頁）。

　「資源配分」は市場で不足する財・サービスの供給とそのための資金調達であり，「所得再分配」は社会保障給付や補助金支出を意味し，「経済安定化」は景気対策のための固定資産形成支出により達成される。図表 4 - 1 では，総務省［2007］で示された，財政三機能の取引事象，および当該取引が表示される計算書（フロー計算書）が示されている。

図表 4 - 1　財政三機能の取引事象および表示される計算書

表示項目	取引事象	表示される計算書
資源配分 （市場で不足する財・サービスの供給とそのための資金調達）	・損益的支出 ・資本的支出 ・資金調達	・損益的支出は活動業績と関わるため，「行政コスト計算書」で表示。 ・資本的支出は純資産の総額の変動は伴わず，純資産の内部構成変動を伴うため，「純資産変動計算書」で表示。 ・資金調達は負債と純資産の増加を伴い，損益外取引であるため，「純資産変動計算書」で表示。
所得再分配 （扶助・補助等のための分配）	・社会保障給付 ・補助金支出 ・移転的収支	・社会保障給付（扶助費），補助金支出，移転的収支は，非交換性取引であるが，納税者からの経営資源委託の責任範囲に属すると考える場合には，損益取引として「行政コスト計算書」で表示。 ・上記の範囲外と考える場合には，損益外取引として「純資産変動計算書」で表示。
経済安定化 （景気対策のための公共投資）	・固定資産形成等支出 ・金融資産形成支出 ・公債発行	・固定資産形成等への支出，金融資産形成（余剰金積立），公債発行による財源獲得は，損益外取引であるため「純資産変動計算書」で表示。

出所：総務省［2007］，138 頁をもとに作成。

　図表より，財政の「資源配分」機能の発現につながる取引につき，交換による対価が明確な損益的支出は，活動業績に関連するため，行政コスト計算書に表示される。他方，資本的支出は，活動業績に関連せず，純資産の内部構成変動を伴うのみの取引であるため，純資産変動計算書で表示される[2]。また，資金調達については，収益活動ではないため損益外取引と考え，純資産変動計算書で表示される。

　次に，財政の「所得再分配」機能の発現につながる取引につき，支出となる社会保障給付（扶助費），補助金支出，移転的支出（下位政府への支出金），移転的収入（上位政府から受取る収入）は，対価が存在しない非交換性取引である。これらについては，政府が納税者から経営資源を委託され，当該取引が権限と責任の範囲に属すると考える場合には，活動業績と関連する損益的取引と見なされ，行政コスト計算書で表示される。これに対し，扶助・補助等のための分配を活動業績と考えない場合には，損益外取引として，純資産変動計算書で表示される。

　そして，財政の「経済安定化」機能の発現につながる取引については，形成された固定資産等への支出，余剰金の積立による金融資産形成，財源としての公債の発行が，いずれも損益外取引であるため，純資産変動計算書で表示される。

3 ── 政策の「経済性」評価に有用となる「会計情報」の特定
──帰納アプローチによる特定──

　以上により，総務省［2007］に基づいた，財政三機能が発現する取引，および当該取引が誘導表示される計算書が示された。これを受けて本節では，財政三機能の発現成果を評価できる「会計情報」を示すとともに（3.1〜3.3），その中で「経済性」評価に有用となる項目を特定する（3.4）。とくにここでは，前節と同様，総務省の経験・知見をもとに作成された「新地方公会計制度実務研究会報告書」（以下，総務省［2007］）を援用し，情報の帰納的特定を行う（但し，こ

こでは政府全体の「会計情報」を考察対象とし，「事務事業」レベルの「経済性」評価に有用な情報の特定は第4節で行う）。

3.1 「資源配分」機能発現の成果を評価できる「会計情報」

　財政の「資源配分」機能とは，市場メカニズムに任せていれば社会に十分充足されない，教育・国防・公害対策などに係る財・サービスを提供すること，および税収などで当該財源を適切にファイナンスすることである。

　そして，当該機能の発現状況（成果の状況）を会計情報によって把握するには，収益的支出である費用，資本的支出である固定資産形成支出など，政策実施のための支出額を表示する必要がある（総務省［2007］，138頁）。具体的には，財・サービス提供により発生する，人件費・物件費など直接的費用，減価償却費・減損損失・支払利息・固定資産評価額などの間接的費用，および固定資産形成のための支出が挙げられる（同上，138頁）。またその財源となる，税収・社会保険料・移転収入，公債発行収入なども該当する（同上，138頁）。

　次に，「資源配分」の機能発現をどの様に評価するかを見る。まず，財・サービスの提供に係る費用である人件費，物件費，減価償却費などは，価額を「行政コスト計算書」で表示し，住民に対するサービスの度合を把握する（同上，138頁）。そして，過年度の当該項目の金額推移を見ることで評価ができる。

　他方，「資源配分」に係る固定資産形成支出などの資本的支出は，純資産の内部構成変動を伴うものであるため，「純資産変動計算書」において表示され，当該変動の状況が把握される（同上，138頁）。固定資産は将来の住民に便益をもたらすため，その増加額の情報は，「資源配分」の評価にとって有用となる。

　また，「資源配分」に係る税収，社会保険料収入，移転収入，公債発行収入などによる資金調達は，損益外取引であるものの，負債もしくは純資産の増加を伴うため，「純資産変動計算書」で表示される（同上，138頁）。これにより，「資源配分」のための財源調達の成果を把握・評価することができる。

3.2 「所得再分配」機能発現の成果を評価できる「会計情報」

　財政の「所得再分配」機能は，ファイナンスされた財源（歳入）により，扶助・補助などの目的で支出する活動（歳出）によって発現する。

　まず，歳出につき，社会保障給付（扶助費）や補助金支出が主たる表示項目となる。また，下位政府へ支出される移転支出も，受入先において補助目的の支出が行われるため，表示すべき項目である。これらは，対価が明確でない非交換性取引であるが，納税者から経営を委託されて政府に税金等が支払われたと考えれば，損益取引に擬制することが可能である（同上，138頁）。

　そこで，行政を，納税者の委託業務と捉えた場合には，上掲科目が「行政コスト計算書」に表示される。その様に考えなければ，損益外取引として「純資産変動計算書」に表示することになる。そして，いずれの計算書に表示されても，当該価額の予算との比較，および過年度の推移把握により，「所得再分配」が達成されたかの評価に役立てることができる。

　他方，歳入につき，支出のための財源としてファイナンスされた，税収および移転収入（上位政府から受取る収入）の価額が，「所得再分配」機能の達成度合を評価するための表示項目となる。これらは，損益外取引でありかつ純資産増加を伴うため，「純資産変動計算書」で表示される。この価額の多寡により，「所得再分配」のための財源調達の成果を把握・評価することができる。

3.3 「経済安定化」機能発現の成果を評価できる「会計情報」

　財政の「経済安定化」機能は，公共投資等により国民所得を増加させる財政政策（fiscal policy），もしくは歳出削減活動によって発現する。「経済安定化」のために，裁量的財政政策として，不況時の政府支出拡大と好況時の財政引き締め（財政余剰の蓄積）が組み合わされる（同上，138頁）。

　当該機能につき，その発現状況であり達成された成果は，「純資産変動計算書」における固定資産等形成支出の価額によって把握することができる（同上，138頁）。財政政策としての歳出額が多ければ，それだけ国民所得が増加するため，成果の度合が大きいと判断ができる。

　また，当該資産形成の主たる財源である公債発行収入についても，「純資産変動計算書」で表示される（同上，138頁）。不況時において，歳出財源となる当該価額が多ければ，国民所得の増加につながっていく。そこで，価額の多寡によって，「経済安定化」機能の発現度合を評価することができる[3]。

　他方，「純資産変動計算書」で表示される余剰金積立額（長期金融資産形成額）について見ると，それが大きければ政府支出が抑えられたことになり，その結果，好況時に生じるインフレーションを抑えることができる。そのため，財政引き締めの効果を確認するのに有用な情報となる（同上，138頁）。

3.4　「経済性」評価に有用となる「会計情報」の特定

　以上のとおり，総務省［2007］に依拠した帰納的考察によって，政府全体における，財政三機能の発現状況の評価に有用となる「会計情報」が特定された。ここではそれを参酌しながら，政策単位の「経済性」評価に有用となる「会計情報」を特定する。

　まず，「資源配分」と「所得再分配」の状況を把握するために有用な「会計情報」には，人件費・物件費，社会保障給付のための扶助費・補助金が特定できる。これらは，政策／施策／事務事業の「インプット」となる基本的な費用項目であり，予算値と実績値の比較および過年度推移の把握を通じて「経済性」の評価ができる。

　次に，「資源配分」と「経済安定化」の状況を把握するため有用となる，固定資産形成等支出については，政府活動の「インプット」となる。ただし，これは政府全体に関わるものが主でかつ予算規模が大きいため，「事務事業」単位の価額は基本的に把握されない。当該項目につき，配賦等によって「事務事業」単位の支出価額が把握できれば，予算と実績の比較を通じて，「経済性」の評価に利用することが可能となる。

4 ── 「政策評価」における「セグメント会計情報」の利用

　以上の，帰納アプローチに基づく考察により，財政三機能が発現した成果の評価にとって有用となる「会計情報」が特定された。そしてこの中から，政策／施策／事務事業の「経済性」評価に有用となる「会計情報」がピックアップされた。

　ただし既に指摘されたとおり，それらは現行において，政府全体の財務諸表で表示されるものである⁴⁾。そこで，当該情報を政策／施策／事務事業単位に測定できれば，それを「政策評価」で利用することができる。そのためには，上記特定項目につき，「事務事業」単位にまで会計的配賦を行う必要がある⁵⁾。

　この点につき，宮本［2021］では，当該単位の「会計情報」を「政策評価」にリンクさせた事例がサーベイされている（以下，宮本［2021］，24-25頁を引用）。

　都道府県の一つである“A”では，「セグメント会計」が制度として設置され，「事務事業」を最小の単位として，貸借対照表，行政コスト計算書および純資産変動計算書が作成・公表されている⁶⁾。

　さらに“A”では，「セグメント会計」システムと，従前より施行されている「政策評価」システムとの連携が図られている。そこでは，「セグメント会計」の管理単位である「事務事業」が，「政策評価」システムで管理される「事務事業」と同一に設定される。これにより，「セグメント会計」で測定された会計情報を，直接に「政策評価」システムへ反映することができる。二つのシステムの連携を示すと，図表4－2のようになる。

　そこでの表示項目を見ると，セグメント貸借対照表では，政府全体と同様の，資産・負債・純資産の諸項目が示される。固定資産や地方債の価額についても，各セグメント（即ち「事務事業」）への配賦が行われている。またセグメント行政コスト計算書においても，政府全体と同じ表示構成であり，償却や償還を含むフルコストで価額が表示される。そして精緻な配賦を要する人件費の測定においては，職位ごとの平均給与を基礎として計算が行われる。

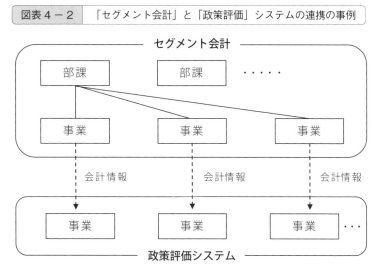

図表４−２　「セグメント会計」と「政策評価」システムの連携の事例

出所：宮本［2021］，25頁。

　この様なシステムを構築することで，「事務事業」単位の「会計情報」，具体的にはフルコストおよび固定資産形成等支出の価額を把握でき，これを，政策／施策／事務事業の「経済性」評価に利用することが可能となる[7]。

5 ── おわりに
—「経済性」評価に有用となる「会計情報」—

　以上のとおり本章では，「帰納アプローチ」によって，政策／施策／事務事業の「経済性」評価にとって有用となる「会計情報」が特定された。具体的なそれらの項目とは，人件費・物件費，社会保障給付のための扶助費・補助金，および固定資産形成等支出であった。

　また第３章では，「演繹アプローチ」により，同様の評価に有用な「会計情報」が措定されている。それは，①貸借対照表／流動負債・固定負債の総額，②費用と収入の差額，③従業員コスト・消耗品費・設備費・サービス・コスト，④

議会承認済予算額・支出額であった。

　これらを見ると，演繹／帰納いずれのアプローチによっても，財務諸表で表示される項目（議会承認済予算額は除く）が，「経済性」評価にとって有用であることがわかる。そこで，第4節で説明された，政策／施策／事務事業単位の「セグメント会計情報」が把握されれば，これを当該評価に利用することができる。

【注】

1）一般に，求められる「アウトプット」に対して「インプット」の価額が少なければ，「経済性」のレベルが高いと評価される（宮本［2013］，15頁）。

2）政府活動においては，インフラ資産形成などの資本的支出および社会保障給付などの非交換性取引等が，損益外取引の大半を占める（桜内［2004］，150頁）。

3）さらに，公債のストック価額が「貸借対照表／負債の部」で表示され，その多寡により「期間衡平性」を把握できる。第2節冒頭で述べたとおり，負債の価額が大きければ，将来の住民の負担が大きく，「期間衡平性」を欠くことになる。

4）わが国の地方政府会計では，フロー情報（キャッシュ・フロー計算書は除く）として行政コスト計算書と純資産変動計算書が作成される。行政コスト計算書は企業会計の損益計算書に相当するが，税収はそこに含まれない。そのため差額（純行政コスト）は税金で補填すべき金額となり，これは純資産の減少を意味するため，これが純資産変動計算書・減少額の部に転記される。

5）宮本［2022b］で示されたとおり，現行の府省「政策評価」制度では，「事前分析表」および「評価書」において，予算額と執行額が表示され，また「行政事業レビューシート」でも，歳出の執行額が表示される（宮本［2022b］，22-24頁）。

6）都道府県"A"の諸部課が実施する約2,000の「事務事業」を約250に統合し，これをセグメントの単位としている。

7）またそこでは，「事務事業」から生じる「アウトカム」の価額が表示される。「事務事業」の実施結果の数値が「アウトプット」で，それによる便益の増加分が「アウトカム」である。都道府県"A"では，増加した「利用者数」，「使用量」，「契約数」などの「アウトカム」につき，これらの情報とセグメント会計のコスト情報とを併せることにより，「利用者一人増加当たりのコスト」，「契約者一人増加当たりのコスト」として把握される。当該値の目標達成度およびその時系列変化を分析すれば，「事業」の「アウトカム」の有効性（effectiveness）が把握できる。

補　論

国際公会計基準における
「セグメント会計」の規定

　第4章の考察では，「帰納アプローチ」を用いて，政策の「経済性」評価に有用な「会計情報」が特定された。ただしそこでの考察は，政府全体の「会計情報」が対象とされている。そこで，同章・第4節において，「セグメント会計」を導入する自治体"A"の事例が考察された。これにより，「事務事業」単位での「会計情報」の把握が可能であることが明らかとなった。

　以下では補論として，国際公会計基準第18号（以下，IPSAS No.18）が規定する政府「セグメント会計」の概要を示し，それと企業「セグメント会計」との相違点を明確にする。さらに，上掲自治体"A"の「セグメント会計」とIPSAS No.18が規定する「セグメント会計」との異同について明らかにする（本節以下で，IPSAS No.18からの引用については，パラグラフ番号のみを示す）。

1 ── IPSAS No.18 におけるセグメント会計の規定

　政策／施策／事務事業単位の「会計情報」につき，これを「政策評価」において把握・表示するには，政府全体のものを配賦する必要がある。国際公会計基準審議会（IPSASB）では，IPSAS No.18において，全体財務諸表を特定単位にセグメント化した情報に関する規定を示している。即ちそこでは，政府の活動業績を評価し，将来の資源割り当てに関する意思決定を行うために，「セグメント会計」情報を内部および外部に報告する意義と方法が示されている。

　まず，「セグメント」の定義につき，IPSAS No.18の記述では，「個別に財務情報を報告することが適切である主体の，識別可能な活動または活動のグループ」とされる（par. 9）。

　また，セグメントを設定する目的とは，プログラム（わが国の「施策」に相当）の過去の業績を評価し，そこへの将来の資源の割り当てに関する意思決定を行うこととされる（par.9）。つまり，予算報告で識別される活動の単位が，セグメント化の対象となる（par.14）。さらに，異なる地理的地域への多様なサービスを提供するために公共資源を制御することも，セグメント化の目的とされる（par.10）。

　そこで，予算化による資源割り当ての意思決定を達成するため，IPSAS No.18では，報告されるセグメントのタイプとして，「サービス・セグメント」と「地域セグメント」の二つが措定されている。

　まず，「サービス・セグメント」とは，関連する「アウトプット」の提供，および特定の活動目的の達成のための区分を意味する（par.17）。当該セグメントの設定においては，「サービス・ライン」（service lines）がその基礎となる（par.18）。政府活動では，「インプット」とこれに伴う「アウトプット」から生じる「アウトカム」が査定され，これをフィードバックして次期の予算を確定するが，ここでの一連のサービスの括りが「サービス・ライン」であり，「サービス・セグメント」設定の基礎になる（par.18）。即ち，財・サービスの「アウトプット」につき，セグメント化されたグループに関連付けられ，これに基づいて資源が割り当てられる（par.19）。

　次に，「地域セグメント」とは，特定地域における活動の達成に従事する，区分可能な単位を意味する（par.17）。当該区分の設定によって，地域単位の情報を，政府機関と管理者に報告することができる（par.20）。当該報告の区分においては，(a) 異なる地域における経済的・社会的・政治的条件の類似性，(b) 政府の主要目的と個々の地域との関係性，(c) 異なる地域におけるサービス提供の特質および活動状況，などが考慮される（par.22）。

2 —— 政府と企業の「セグメント会計」基準の相違点

　以上により，IPSASB の「セグメント会計」基準である IPSAS No.18 の概

要が明らかとなった。この基準は，企業会計の「セグメント会計」基準である IAS No.14R（IAS No.14 の改訂版）をベースとするが，他方で以下の様な相違点も指摘されている（IFA［2012］, p.552）。

・IPSAS No.18 は，セグメントにつき，資源割り当ての意思決定のために情報を報告する単位と考える。これに対し IAS No.14R は，ビジネスおよび地域の業績の報告単位をセグメントと考える。

・IPSAS No.18 は，セグメントの活動成果の開示を重視する。これに対して IAS No.14R は，活動成果のみならず，セグメント資産，およびその償却に関する情報も重視される。

これらを見ると，IPSAS No.18 では，資源割当てのため，活動業績の評価に資する情報を提供することが，「セグメント会計」の主たる目的と言える。これに対し IAS No.14R は，活動業績の情報に加え，資産に関する情報にも重要な役割がある。即ち，IAS No.14R では，資産と減価償却のセグメント情報が開示されることから，そこには，将来キャッシュフロー査定の強い要請があるものと斟酌できる。

3 ── 自治体"A"の「セグメント会計」と IPSAS No.18 との異同

第1節では，IPSAS No.18 で規定された，政府の「セグメント会計」の概要が明らかにされた。そこでは，"サービス・セグメント"と"地域セグメント"ごとに「会計情報」が測定され，活動業績の評価，および将来の資源配分の意思決定に利用される。そして，このセグメントを「事務事業」と同一にすれば，「会計情報」と「政策評価」を連携させることが可能となる。そこで，第4章・第4節で説明された自治体"A"の「セグメント会計」と，IPSAS No.18 が規定する「セグメント会計」とが整合的であるか，重要な相違はないかを分析する。

図表補論1-1において，二つの共通点と相違点が示されている。

図表補論 1 － 1	IPSAS No.18 の規定と自治体 "A" の「セグメント会計」との共通点と相違点
共通点	・過去の業績を評価し，資源割り当ての意思決定を行う単位を「セグメント」とする。
相違点	・自治体 "A" では，配賦により「セグメント」ごとにコストを計算。IPSAS No.18 では，これにつき具体的な規定はない。 ・IPSAS No.18 では「地域セグメント」を規定。

出所：筆者作成。

　表を見ると，二つの共通点は，セグメント化の目的が，業績評価を行い，将来の資源割り当てに利用することである。

　他方，重要な相違点は，自治体 "A" において，配賦によりセグメントごとに正確なコスト計算が行われることである。これには，セグメント単位の引当金繰入額，減価償却費などが含まれる。また IPSAS No.18 では，「地域セグメント」が設定されている点も異なっている。

―――― 補　章 ――――

「公企業」の業績評価における
「セグメント会計情報」の有用性

1 ―― はじめに（考察の目的）

　わが国の公企業，即ち，水道・交通・医療などの事業を行う地方公営企業や，都市開発・農林水産・観光などの業務を受け持つ第三セクターは，少子高齢化や社会インフラの老朽化が相俟って，厳しい経営環境に直面している。そのため，組織活動の効率化を高めること，ガバナンスを強化することに加え，「事業」単位での業績測定・評価を行うことが意義あるものとなる。

　こうした，内部測定と評価の社会要請に対し，政府（公企業のプリンシパルでもある）においては，政策／施策／事務事業（以下，政策と記す場合もある）の単位で業績測定・評価を行う「政策評価」が既に実施されている。より具体的には，測定された数値をもとに，政策の「経済性」（economy）・「効率性」（efficiency）・「有効性」（effectiveness）が評価されるとともに，当該結果が次期予算にフィードバックされるしくみとなっている。

　さらに，一部の地方政府では，企業会計で施行されている「セグメント会計」制度に倣い，政策／施策／事務事業の業績評価において「セグメント会計情報」が利用されている（第4章に詳しい）。そこでは，「事務事業」ごとに財務諸表が作成され，その情報が内部管理と予算配分の意思決定に利用され，かつ「説明責任」を果たすため外部への公表も行われている。

本章は，以上の点を踏まえ，公企業の業績評価，特に「有効性」評価において，「セグメント会計情報」が有用となることを説明するとともに，そのような情報（測定値）を具体的に措定する。構成として，まず，公企業の業績評価における「有効性」の評価が，政府と比べて相対的に容易であることを説明する（第2節）。次に，わが国の公企業における「セグメント会計」の規定が，「国際公会計基準」(International Public Sector Accounting Standards ; IPSAS) と同一的であることを示す（第3節）。そのうえで，公企業の「事業」の「有効性」評価において有用となる「セグメント会計情報」につき，わが国の「地方公営企業法施行規則」に示された規定を参酌しながら特定する（第4節）。

2 ── 地方政府の業績評価における「有効性」評価の困難性

本節では，まず，公企業のプリンシパルである地方政府の「政策評価」システムにおいて，政策の「有効性」評価が困難であることを説明する。そのうえで，地方政府のエージェントである公企業における，「有効性」評価の困難性有無を考察する。

2.1　地方政府における活動業績の測定と評価

2.1.1　活動業績の測定

地方政府では，予算編成の単位が「事業」であるため，それらに対し，次期予算の配分額を決定しなければならない。そのため現行の実務においては，「政策評価」システムによって「事業」の活動成果を測定・評価し，これを当該決定に利用している。

具体的な業績の測定値を見ると，「事業」への「インプット」の測定値は，主に財務情報であり，会計処理によって算出される貨幣価額である。GASB [1994] によれば，これには，教育に費やされた金額，公共交通に費やされた金額，道路保守に費やされた金額，犯罪捜査に費やされた金額が含まれ，人件費，従業員福利厚生費，材料費，消耗品費，設備費などで構成される（par.50）。

　次に「アウトプット」の測定値は，行政サービスの提供量を示すものである。GASB［1994］によれば，これは「インプット」と等価であり，人件費・経費などを原資とした活動によって，住民に提供されたものの数・量である（par.50）。例えば，進級・卒業学生数，補修道路のマイル数，犯罪捜査件数，進級・卒業した学生数，運行したバスの本数などが含まれる（par.50）。

　また「アウトカム」の測定値は，政府が提供したサービスに起因して発現した効果を示すものであり，例えば，一定の要件を満たしたサービス提供量の割合，過年度の結果との比較，設定目標との比較，他部門との比較などが挙げられる（par.50）。

2.1.2　活動業績の評価

　そして以上の様な，政府の活動結果の測定値である「インプット」・「アウトプット」・「アウトカム」に対しては，「経済性」・「効率性」・「有効性」（以下，3E）の評価が行われる。GASB［1994］および OECD［1997］では，3E につき，政府における基本目的の達成度を測定して意思決定するための業績指標と規定される（GASB［1994］, par.16, OECD［1997］, p.7）。具体的に言えば，「経済性」が高いとは「インプットの価額が少ないこと」，「効率性」が高いとは「インプットによりもたらされるアウトプットが多いこと」，「有効性」が高いとは「アウトプットがもたらす結果の目標達成度が高いこと」と解されている[1]。

2.2　地方政府における活動業績の「有効性」評価の困難性

　こうして，地方政府の活動結果に対する 3E が評価されるのであるが，その中では，「有効性」の評価が最も困難とされる。現行の「政策評価」システムでは，発現効果の目標水準に対する実績の割合である "目標達成度" が主たるアウトカム測定値である。また，過年度測定値との比率，一般に認められた基準・標準との比率，他部門の測定値との比率なども含まれる。

　しかし，「目標数値の達成度」や「特定数値との比率」を測定値としても，「有効性」が高い場合の数値がどれ程であるか，客観的に特定することはできない。

　また，企業であれば，稼得されたキャッシュが，活動成果の直接的な測定値となるため，その多寡によって「有効性」を評価することが可能である。これに対し地方政府では，獲得される主なキャッシュが税収であり，それには"資金投下の成果としての獲得資金"という性質が無い。そのため獲得キャッシュは，活動の「有効性」を評価するアウトカム測定値とはなりにくい。

　したがって，地方政府の「政策評価」システムでは，直接に「有効性」を評価する測定値が存在しないことが明らかとなる。本来的に，事業活動の「有効性」は，住民が受け取る便益・効用によって評価されるべきである。ところが上記の制約により，現実には，パーセンテージで示された目標達成度をアウトカム測定値とし，その「有効性」を，Ａ・Ｂ・Ｃや ○・△・×などのランク付けで評価している。こうした記号による評価は，評価者の主観によらざるを得ず，客観性が希薄となる。この様な実情から，地方政府における活動業績の「有効性」評価は非常に困難と考えられる。

2.3　公企業の活動業績に対する「有効性」評価の困難性有無

　そして以上の様な，地方政府の活動の「有効性」評価が困難となる問題につき，そのエージェントである公企業についても当てはまるものであるか，もしくは当該問題は存在しないのかをここで考える。

　地方公営企業は，水道・病院・交通など，住民の生活に不可欠なサービスを提供する非営利組織である。こうした組織において，活動の「有効性」が高いと評価できるのは，①「コスト削減」と②「受益者負担の公平性の確保」が一定水準になった場合と考えられる（有限責任あずさ監査法人［2012］，1頁）。

　まず①の，「コスト削減」について見ると，「有効性」が発現した水準であるかは，コスト削減額（対前年），および当期利益額によって判断することになる。コストが削減されれば，その分だけ利益が増え，それが料金に反映されて受益者に還元される。

　一般的には，コストを削り過ぎれば，サービス・レベルの低下を招くことになる。しかし水道や交通事業では，巨大なインフラ・ストラクチャーを擁し，

補修が常時行われるため，一定のサービス・レベルが長期に渡り維持される。事業のコスト削減によってサービス・レベルの低下を招く懸念は，地方政府における「事務事業」と比べ，相対的に少ないと考えられる。したがってそこでは，「コスト削減」により受益者の負担が軽減される場合に，「有効性」の度合が高いと判断することができる。

　次に②の，「受益者負担の公平性確保」とは，特定期間に突出してコストが生じる事態を回避することで，受益者負担の平準化を図っていくことである。こうした取組の達成度合を把握するには，適正な期間損益計算の実施が必要となる（同上，2頁）。発生主義に依拠して支出額を適正に期間配分すれば，当該およびそこから算出される利益は，公平性が確保された測定値と見ることができる。

　そこで，測定コストが，過年度もしくは目標値と比べて少ない場合には，「コスト削減」および「受益者負担の公平性確保」が達成されて「有効性」の度合が高いと評価することができる。また，貸借対照表における負債総額についても，受益者にとっての将来負担額となるため，これが少ない場合に，「受益者負担の公平性確保」の度合が高いと判断することができる。

　以上より，公企業の活動業績に対する「有効性」評価は，地方政府のそれよりも困難性が低いと判断ができる。発生主義に基づいて測定されたコストの価額（削減額），利益の価額，および負債の総額につき，これを直接的なアウトカムの測定値とすることができるため，当該利用によって，活動業績の「有効性」評価が可能となる。

3 ── 「セグメント報告」の国際基準とわが国基準の異同

　以上により，地方政府が実施した政策の「有効性」評価が困難であるのに対し，公企業の事業活動に対しては，それが相対的に容易であることが説明された。本節では，事業単位の情報開示を意味する「セグメント報告」（segment reporting）について規定された，国際公会計基準審議会（IPSASB）のIPSAS No.18の規定と，わが国の「地方公営企業施行規則」における同様の規定の内容

をそれぞれ概観する。そしてわが国公企業における「セグメント報告」の規定
と IPSAS No.18 との異同を見ていく。

3.1　国際公会計基準における「セグメント報告」の規定

3.1.1　国際公会計基準審議会が規定する「セグメント報告」のタイプ

　IPSASB は，地方政府の財務諸表を特定の単位に分割した「セグメント報告」
につき，国際公会計基準 第 18 号 "Segment Reporting"（2002 年，以下 IPSAS
No.18）で規定を設けている。

　ここでは，セグメントの定義について，「個別に財務情報を報告することが適
切である主体における，識別可能な活動または活動のグループ」と規定される
（par.9）。また，当該設定の意義とは，プログラム（施策）の過去の業績を評価し，
そこへの将来の資源の割り当てに関する意思決定を行うこととされる（par.9）。
つまり，予算編成の意思決定に資する情報を作成するため，当該単位がセグメ
ントに区分されるのである（par.14）。また，異なる地理的地域への多種多様な
サービス提供を達成するため，これをセグメント化して公共資源を制御するこ
とも有効とされる（par.10）。

　そこで IPSAS No.18 では，「セグメント報告」のセグメント・タイプとして，
「サービス・セグメント」と「地域セグメント」が推奨されている（par.17）。前
者は予算編成の単位であり，後者は，異なる地理的地域の単位である。この
様なセグメントの設定は，主体による組織構造の分析によって達成がされる
（par.17）。

3.1.2　「サービス・セグメント」の設定

　IPSAS No.18 が規定する「サービス・セグメント」とは，関連する「アウト
プット」を提供する，または特定の行政活動の目的を達成する，区分可能なコ
ンポーネントを意味する（par.17）。当該セグメントの設定においては，「サービ
ス・ライン」（service lines）に焦点が当てられる（par.18）。「サービス・ライン」
とは，主要な「インプット」とこれに伴う「アウトプット」の査定，および資

源のニーズの特定と次期予算化という，一連の行政サービスの括りであり，これが「サービス・セグメント」設定の基礎になる（par.18）。

　こうして，「サービス・セグメント」における「アウトプット」，およびこれに割り当てられた「インプット」を外部に報告することで，行政評価の社会要請を満たすことが可能となる（par.18）。さらに，各セグメントの目標達成度合である「アウトカム」が査定された後，次期への資源割当てが図られる（par.19）。

3.1.3　「地域セグメント」の設定

　また IPSAS No.18 では，特定地域における特定活動の目的達成に従事する，区分可能な単位につき，「地域セグメント」と規定する（par.17）。当該セグメント情報により，地域ベースで，政府機関とその管理者に，内部報告をすることが可能となる（par.20）。

　「地域セグメント」の設定においては，その地域を実際にセグメント化すべきか，即ち特定地域の財務情報を報告すべきかを判断する必要がある。そこにおいて考慮されるべき基準には，（a）経済的・社会的・政治的条件の類似性，（b）政府の主要目的と個々の地域との関係性，（c）提供サービスの特質および活動状況，が挙げられる（par.22）。こうした観点から，同一性を持つ地域の括りがセグメント化される。

3.2　わが国の「地方公営企業法施行規則」における　　　「セグメント報告」の規定

　他方，わが国においては，平成 24 年に「地方公営企業法施行令」が改訂され，地方公営企業会計の新たな基準が設定された。この中で，「地方公営企業法施行規則」・第 40 条において，「セグメント報告」に関する規定が設けられている。そこでは，セグメントの営業収益，営業費用，営業損益，経常損益，資産，負債の情報開示が求められている。また平成 31 年には，総務省より「地方公営企業法の適用にあたって」（以下，総務省［2019］）が公表され，この中でも，「セグメント会計情報」を適用する指針が示されている。

　ここでは，公企業におけるセグメント区分について，「水道事業」は水道・簡易水道などの事業別，「交通事業」は路面電車・バス・モノレールなどの事業別，「病院事業」は看護師養成所・救命救急センターなどの病院別，「下水道事業」は雨水分・汚水分・集落排水・浄化槽などの事業別とされている（総務省［2019］，31頁）。

　また，表示様式について見ると，「営業収益」，「営業費用」，「営業損益」，「経常損益」，「資産」，「負債」，「その他の項目（他会計借入金）」，「その他の項目（減価償却費）」の金額が，セグメントごとに示される（同上，32頁）。その特徴は，勘定項目を表示するのではなく，「収益」・「費用」・「利益」，「資産」，「負債」の総額を表示することである。また公企業の事業は，巨大なインフラ資産が運営基盤となっていることから，「減価償却費」が表示項目に加えられている。

3.3　「IPSAS No.18」と「地方公営企業法施行規則」の異同

　次に，以上に示された「地方公営企業法施行規則」における「セグメント報告」の規定につき，IPSAS No.18との異同を見ていく。

3.3.1　「セグメント報告」の「目的」の異同

　まず，「セグメント報告」の「目的」(objectives)につき，IPSAS No.18では，「事業の活動業績を評価し，将来の資源割り当てに関する意思決定を行う」こととされている(par.9)。即ち，事業単位での「インプット」，「アウトプット」および「アウトカム」が測定され，3Eが評価されたうえで，次期の予算配分を決定するのが，「セグメント報告」の「目的」である(par.18)。

　他方，総務省によれば，「セグメント報告」の主たる「目的」とは，公企業の業績評価のための情報提供により，議会・住民に対する説明責任を果たすことである（総務省［2012］，28頁）。多岐にわたる提供サービスが適切にセグメント化されることにより，情報利用者は，経営状況の多面的分析を行うことが可能となる（同上，28頁）。

　そこで，それぞれの規定を文理解釈すると，IPSAS No.18における「セグメ

ント報告」の「目的」は，セグメントの「インプット」および「アウトプット」を測定・評価し，これを，事業予算の意思決定に利用することである。これに対し総務省では，議会と住民に対する説明責任を果たすことが，「セグメント報告」の主な「目的」とされている。

　一般に，地方政府の予算編成には議会承認を要するため，そこに対し「セグメント報告」が行われれば，説明責任を果たすことができる。そして，議会に対する当該説明は，予算決定の「目的」を達成する「手段」となり得る。即ちここでは，説明責任を達成するという「目的」が，予算決定という「目的」の「手段」となり得ている。「セグメント報告」によって議会への説明責任が全うされ，当該説明によって，次期予算の決定を促進させることが可能となる。この様な関係性を前提にすれば，わが国公企業のセグメント報告の「目的」は，IPSAS No.18 のそれと大きな異同はないと考えることができる。

3. 3. 2　セグメント区分の異同

　次に，両者のセグメント区分につき，IPSAS No.18 では，報告されるセグメント・タイプとして，「サービス・セグメント」と「地域セグメント」が規定される。これに対し，総務省 ［2019］では，「サービス別」と「施設別」のセグメントが規定されている。つまりここでは，「サービス・セグメント」について一致し，「地域セグメント」は，わが国公企業においてセグメント化の対象とされていない。

　この点につき，地方政府では，管轄する地域によって提供サービスの特質が異なることから，「地域セグメント」の設定に意義を見出すことができる。これに対し公企業は，各地域と個別の関係性を持つことや，各地域の内在特質を踏まえて管理することを相対的に重視しないため，「地域セグメント」設定の必要性に乏しいと考えることができる。

　したがって，二つの規定のセグメント区分については，「地域セグメント」設定につき異同があるものの，共通に「サービス・セグメント」が設定・管理され，かつこれが「セグメント報告」の基盤的区分と言えるため，両者には同一性が

あると判断ができる。

3.3.3　表示項目の異同

そして，「セグメント報告」の表示項目につき，IPSAS No.18 と「地方公営企業法施行規則」の規定を比べると，IPSAS No.18 では，「インプット」・「アウトプット」・予算割当額・資産の配賦額などが，表示すべき「セグメント報告」に挙げられている。これに対し，「地方公営企業法施行規則」では，営業収益・営業費用・営業損益・経常損益・資産・負債・他会計借入金・減価償却費の金額が，表示項目として規定される。

両者を比較すると，IPSAS No.18 では，セグメントにおける「アウトプット」の表示が特徴的である。「アウトプット」測定値の尺度は数・量であり，金額以外の情報である。そこでは，予算の割当額およびそれを原資とする「インプット」の額，および「インプット」と等価である「アウトプット」の数・量が表示され，これを利用して業績評価が行われる。これは，上述の「サービス・ライン」に依拠した表示項目群と言える。

これに対して「地方公営企業法施行規則」の表示項目は，財務情報（会計項目）が基本であり，かつ営業収益・営業費用・資産・負債というように，財務諸表上の表示区分合計額の表示が求められている。

両者につき，本来的な組織の「目的」の異同に着目すれば，公企業では，「収益」および「利益」が活動成果であり，その増減が「受益者負担の公平性」確保の「目的」達成に影響する。より直接的には，「コスト削減」により受益者負担の軽減が達成できる。そのため，これらの価額を業績評価に利用することが有用となり得る。これに対して政府（IPSAS No.18 の規定領域）では，予算の範囲内でのサービスの提供が「目的」であり，税収入は活動成果とならない。そこにおいては，「インプット」をできるだけ少なく，「アウトプット」をできるだけ多くした場合に，プラスの業績評価となる。

以上のことから，営利を追求する公企業と，それを必要としない政府という，組織の本義の相違に起因して，「セグメント報告」の表示項目が同一的にならな

かったと推察することができる。

4 ── 公企業の業績の「有効性」評価を可能にする 「セグメント会計情報」

　これまでの考察により，地方政府の行政評価においては「有効性」評価が困難であるのに対し，公企業では，「セグメント報告」を利用することによって，当該評価ができ得ることが説明された。公企業活動の「有効性」は，「コスト削減」および「受益者負担の公平性の確保」が十分に達成された場合に高い評価となる。そこで，以下では，公企業の業績の「有効性」評価において有用となる「セグメント会計情報」を特定する。

4.1　「コスト削減」の達成度評価を可能にする「セグメント会計情報」
　第 2 節で説明されたとおり，公企業の活動業績の「有効性」は，「コスト削減」による受益者への還元の度合によって評価することができる。サービス提供に要するコストが削減されれば，公企業の現金等支出額が減少するため，それが料金等に反映されて，社会的便益が増加するのである。
　セグメント単位（提供サービス単位）で表示されるべきコストとして，「地方公営企業法施行規則」・第 40 条では，「営業費用」が示されている。当該測定値につき，過年度に対する増減額が，「コスト削減」の達成度を評価するためのアウトカム測定値になるのは明らかである。そしてそれによって，活動の「有効性」評価を行うことが可能となる。
　また，収益に関する「セグメント会計情報」についても，「コスト削減」の達成度評価に利用することができる。政府においては，収入の大部分を占める税収が収益と見なされないのに対し，公企業では，提供された水道・交通などの提供サービスにつき，その対価として使用料・利用料が獲得されるため，これを収益として認識・測定することができる。当該価額が増加すれば，「コスト削減」と同じ効果が発現し，受益者に還元できる。インフロー・キャッシュが，"収

入"でなく"収益"であるため，活動の成果と見なされるのである。「地方公営企業法施行規則」・第40条では，公企業のサービスごとに表示されるべき収益として，「営業収益」が示されている。過年度に対する当該測定値の増減額は，「コスト削減」の達成度評価のためのアウトカム測定値とすることができ，サービスの「有効性」評価を行うための情報となり得る。

　この様に，「地方公営企業法施行規則」で規定される「営業費用」および「営業収益」の，過年度に対する増減額につき，「コスト削減」の達成度合を示すものとなるため，提供サービスの「有効性」を評価するためのアウトカム測定値とすることができる。そこで，活動業績の「有効性」評価において，それらを利用することが可能となる。

4.2　「受益者負担の公平性」の達成度評価を可能にする　　　「セグメント会計情報」

　また既述のとおり，公企業の業績評価においては，「受益者負担の公平性」の達成度合が高ければ，「有効性」が高いと評価することができる。以下では，当該評価を行うためのアウトカム測定値について説明する。

4.2.1　資金増減額による「受益者負担の公平性」の達成度の評価

　1点目として，活動業績の「有効性」評価の尺度となる「受益者負担の公平性」の達成度合は，資金の過年度に対する増減額によって評価することができる。総務省［2019］の指針では，公企業のキャッシュ・フロー計算書につき，「業務活動によるキャッシュ・フロー」，「投資活動によるキャッシュ・フロー」および「財務活動によるキャッシュ・フロー」に区分され，それぞれにおけるキャッシュのイン・アウト・フロー額が示される（総務省［2019］，21頁）。

　この中では，「業務活動によるキャッシュ・フロー」がもしマイナスの場合，将来の受益者への負担が増加する。キャッシュが不足した場合，負債となる他人資本によって賄う可能性が高まるためである。そこで資金減少のトレンドが生じていれば，「受益者負担の公平性」の達成度合が低く，活動の「有効性」が

低く評価されることになる[2]。

　また，「投資活動によるキャッシュ・フロー」のプラス額が多ければ，建設改良に係る投資財源としての負債割合が高まり，将来の返済負担増加の確率が高まる（同上，21頁）。これに伴って「受益者負担の公平性」の達成度合が低くなり，サービスの「有効性」が低く評価される。

　さらに，「財務活動によるキャッシュ・フロー」のプラス額が多い場合も，借入金が増えている可能性が高く，「受益者負担の公平性」の達成度合が低くなって，サービスの「有効性」が低く評価される。

　そこで，キャッシュ・フロー計算書をサービスごとにセグメント化して測定・表示された，三区分のボトムライン価額を利用することにより，「受益者負担の公平性」の達成度合を評価することができる。これにより，活動の「有効性」評価が可能となる。

4.2.2　負債総額による「受益者負担の公平性」の達成度の評価

　2点目として，「受益者負担の公平性」の達成度合を測定し，これに基づいて活動業績の「有効性」を評価するために，負債総額を利用するのが有用である。貸借対照表の負債総額は，将来におけるキャッシュ・アウトフローと等価である。公企業においては，当該価額が，将来のサービス受益者によって負担される。そこで，貸借対照表の負債総額につき，過年度との比較，および純資産との割合につき，これをアウトカム測定値とすることができる[3]。負債価額が多くなれば，それだけ将来の受益者負担が増加する。この時，「受益者負担の公平性」の達成度合が低くなり，活動の「有効性」が低いと判断される。「地方公営企業法施行規則」・第40条においても，「セグメント報告」の表示項目として「負債総額」が示されている。

　以上の指摘点を見れば，セグメント単位で測定される負債総額，および負債総額と純資産総額との割合につき，「受益者負担の公平性」の達成度合を評価するためのアウトカム測定値とすることができる。これを利用することにより，サービス単位の活動の「有効性」評価が可能となる。

5 —— おわりに（考察のまとめ）

　以上のとおり本考察では，公企業のサービス単位の「有効性」を評価するために，「セグメント会計情報」をアウトカム測定値として利用するのが妥当であることが説明された。具体的に，提供サービスの「有効性」は，「コスト削減」および「受益者負担の公平性」の達成度合によって評価ができる。そこで，当該評価のため利用され得るアウトカム測定値として，以下の「セグメント会計情報」が特定できる。

- ・「コスト削減」による受益者への還元の「有効性」評価を可能にする，営業費用，営業収益。
- ・「受益者負担の公平性」達成の「有効性」評価を可能にする，業務活動によるキャッシュ・フロー，投資活動によるキャッシュ・フロー，財務活動によるキャッシュ・フロー。
- ・「受益者負担の公平性」達成の「有効性」評価を可能にする，負債総額。

【注】

1）3E の基礎概念については，藤井（2019），5-6 頁において詳しく整理されている。

2）ただし，「業務活動によるキャッシュ・フロー」における減価償却費・減損損失・貸倒引当金・退職給付引当金・修繕引当金・賞与引当金・貸倒引当金の繰入額はイン・フローとなり，「受益者負担の公平性」の度合評価においてはプラスに作用する。

3）公企業の負債に関する規定につき特筆すべき点があり，それは，従前より資本金とされていた「借入資本金」についても負債計上する改訂が，平成 24 年に実施されたことである。建設もしくは改良に要する財源に充てるために発行した企業債，および同財源に充てるために他会計から借り入れた長期借入金につき，改訂により負債に計上される（地方公営企業法施行規則・第二章第七条）。これにより，自己資本であった価額が他人資本に計上されるため，将来の受益者に対する負担増加が見込まれる。ただし，「借入資本金」による資金調達によって固定資産等が形成されれば，減価償却はあるものの，資産維持がされやすい。そこで，経費に対する原資獲得のための借入金と区別するた

め，負債計上において，他の企業債および他会計借入金とは峻別される。

――――――― 第5章 ―――――――

「政策評価」制度における
「有効性」評価の限界

1 ―― はじめに（考察の目的）

　これまでの考察により，政策／施策／事務事業（以下，"政策"と記す場合もある）の「経済性」評価に有用となる情報が特定された。以降，第5・6・7章の考察では，同じく政策／施策／事務事業に対する，「有効性」評価に有用となる情報を特定していく。

　周知のとおり「政策評価」では，実施された政策における，インプット，アウトプットおよびアウトカムが評価対象となる。インプットは事業費や人件費などの支出額，アウトプットは住民に提供される財・サービスの数・量，アウトカムは設定目標の達成度が，基本的に定量化される。そしてこれらをもとに，インプットの「経済性」(economy)，アウトプットの「効率性」(efficiency)，アウトカムの「有効性」(effectiveness) が評価され，外部に開示される（東 [2001]，106頁）。

　これら，経済性／効率性／有効性（以下，3E）の評価の中では，「有効性」が最も重要と言われている。それは，政策の成果・効果を評価の対象とするためである。しかし，そのアウトカムにつき，これを金額で数値化して「有効性」を評価するのは困難を伴うものとなる（宮本 [2013]，46-47頁）。

　本章では，アウトカムの測定値に基づく政策／施策／事務事業の「有効性」

評価に限界があることにつき，“実務”と“理論”の両面から明らかにする。

　まず第2節では，「有効性」評価の方法，およびそこで利用されるアウトカム測定値の実例を説明する。次に第3節で，わが国府省の「政策評価」制度で開示されている，「有効性」評価の内容を概観する。そのうえで第4節において，アウトカム測定値を利用した「有効性」評価につき，“実務”面での限界事項を示す。さらに第5節で，ミクロ経済学の理論を援用し，“理論”面からも「有効性」評価に限界が存在することを明らかにする。

2 ── 「政策評価」制度における「有効性」評価の方法

　以上のとおり本章は，「政策評価」制度において最も重要とされる「有効性」評価に限界が存在することにつき，“実務”と“理論”の両面から明らかにするのが目的である。本節では，まず，政策の「有効性」評価の具体的な方法につき概観する (2.1)。次いで，アメリカの特定機関が規定する「アウトカム」測定値の事例を示し，またそこにおける「有効性」評価の方法について説明する (2.2)。

2.1　政策の「有効性」評価の方法

　アメリカにおける，政府会計基準の設定機関である政府会計基準審議会 (GASB) において，政府は政策の成果を評価して報告すべきとし，特に「経済性／効率性／有効性」(3E) の評価が重要と規定される[1]。

　「経済性」はインプットの多寡で評価でき，「効率性」はインプットに対するアウトプットの多寡で評価できる (東 [2001]，106頁)。そして「有効性」は，「アウトプットにより生活や社会経済にもたらされる効果」であり[2]，その評価は，当初に設定されたアウトカムの目標の到達度合によって行われる (中井 [2005]，191頁)。

　この様な，目標値と実績値との比較によって「有効性」を評価する方法は，一般に言うベンチマーキング (bench marking) の手法と内容が合致する。そこで

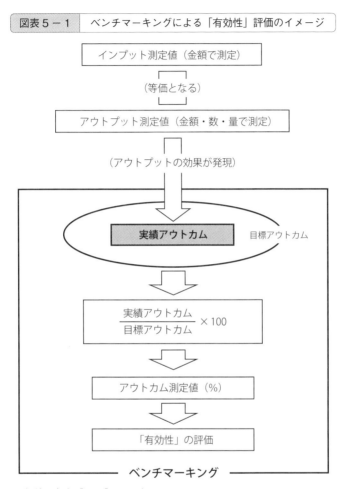

図表5-1 ベンチマーキングによる「有効性」評価のイメージ

出所：宮本［2021］，28頁。

は，活動の実績値につき，継続的に目標値などの基準（ベンチマーク）と比較して，その達成度が評価される（同上，68頁）。当該方法に基づくアウトカム測定と「有効性」評価につき，流れを概要図で示すと，図表5-1のようになる。

　これを見ると，サービス提供のための支出額である「インプット」が"金額"で測定され，これと等価である「アウトプット」が，"数・量"で測定される。

これらは，統計データなどにより，直接的な測定が可能である。他方で「アウトカム」は，「アウトプット」により効果が発現したもので，その測定値は，数・量で表された「目標アウトカム」に対する「実績アウトカム」の割合（パーセンテージ）が主なものである。そして，当該値に基づく「有効性」評価が，「ベンチマーキング」の眼目となる。

政府における，現行の「政策評価」制度を見ても，財・サービスの提供から発現した「アウトカム」につき，求められる目標をみたしているかの度合によってその「有効性」が評価されている（中井［2005］，191頁）。したがってこれは，「ベンチマーキング」と同様の枠組みと考えることができる。

2.2 GASBで規定される「アウトカム」測定値と「有効性」評価

このように，政策の「有効性」は，「アウトカム」の目標達成度によって評価するのが一般的である。次には，GASBの概念書第2号（以下，GASB［1994］）が規定する「アウトカム」測定値を概観し，このことを確認する。

図表5－2では，GASB［1994］における，「アウトカム」測定値の例が示されている。

表を見ると，「アウトカム」の測定値には，特定の質的要件を満たした割合，過年度の結果・設定目標・基準・他部門との比較，などが挙げられている。また，「アウトカム」単位当たりのコストについても，当該測定値となる。「アウトカム」の単位を見ると，割合，達成度，減少量，減少額，「アウトカム」当たりのコストなど，間接的な測定値が主なものである。「アウトカム」以外の，「インプット」と「アウトプット」は，直接的に測定される価額・数量が単位であるため，これらとは明確な違いがある。

このように，GASB［1994］が規定する「アウトカム」測定値とは，特定の質的要件を達成した割合が主なものであり，図表5－1で示したプロセスで算出される「アウトカム」測定値と同様のものである。実務では，当該数値を利用することにより，政策／施策／事務事業の「有効性」評価を行うことになる。

図表 5 − 2　　GASB 概念書第 2 号で示される「アウトカム」測定値

測定値の内容		測定値の事例
成果の測定値	特定の質的要件を満たしたサービスの成果の測定値	・読解について一定の習熟度の向上を達成した学生の割合。 ・公共交通を利用した人の割合。 ・優良・良好レベルにある道路の車線マイル数の割合。
	過年度の結果／設定目標／基準・標準／他部門との比較で示される測定値	・「読解習熟度向上を達成した学生割合」の①当該地方の目標，②他の管轄区の達成度，③当該地方の達成度，の 3 つを比較して示される測定値。
	サービスの副次的影響の測定値	・退学者低下による失業者の低下数・率。 ・公共交通利用者増加による交通事故の減少数。 ・良好状態にある道路車線マイル数の割合増加による自動車修理費用の減少額。
努力と成果を関連づける測定値	アウトカム単位当たりのコスト	・読解について一定習熟度を達成した学生 1 人当たりのコスト。 ・予定時刻迄に停留所に到着した乗客の 1 人当たりのコスト。

出所：GASB［1994］par.50a および par.50b から抜粋して作成。

3 ── わが国府省「政策評価」制度における「有効性」評価

　以上により，政策の「有効性」評価に用いられる「ベンチマーキング」の概要，およびそこで利用される「アウトカム」測定値の特質が説明された。本節では，これと，わが国府省の「政策評価」制度との異同を把握するため，後者における「有効性」評価の位置付け（3.1），およびそこで開示される「有効性」評価の内容（3.2）について見ていく。

3.1　府省「政策評価」制度における「有効性」評価の位置付け

　総務省によれば，わが国の各府省では，政策の「Plan（企画立案）― Do（実施）― Check（評価）― Action（企画立案への反映）」のサイクルにおける，"Check"のプロセスとして，「政策評価」が実施される（総務省［2017b］，11頁）。そしてそこでは，「必要性」・「効率性」と共に，「有効性」の観点から，実施された政策がチェックされる[3]。

　実施した政策の成果度合である「有効性」については，これを"得ようとする効果と得られている効果との関係性"と捉え，この観点からの評価に焦点が当てられる（同上，6頁）。つまり，「アウトプット」から発現する「アウトカム」につき，目標に対する実績の達成度合を評価するのが，当該制度における「有効性」評価の眼目となる。

3.2　府省「政策評価」制度で開示される「有効性」評価の内容

　次に，府省「政策評価」制度の書類において開示される「有効性」評価の結果につき，具体的な記載内容を見ていく。

3.2.1　「事業評価方式」の評価書に示される「有効性」の評価

　府省「政策評価」制度において，事業評価方式（政策アセスメント）では，新規に導入，あるいはさらに拡充しようとする施策の企画立案等について，同省の設定目標に照らして，その必要性，効率性，有効性の観点からの評価が示される（国土交通省ホームページ）。

　国土交通省の当該方式では，「評価書」において，施策等の「有効性」が，文章によって示される。その内容は，「本施策の実施により，○○○に要する負担が軽減され，それによって○○○が促進されることから，○○○の達成に寄与することになる」といったものである。

3.2.2　「行政事業レビューシート」に示される「有効性」の評価

　また各府省では，「政策評価」制度との連携において，「行政事業レビュー」（平

成 25 年 4 月閣議決定) を実施し, その結果を「行政事業レビューシート」として公表する。その目的は, 各府省が所掌する事業の効果的・効率的な実施, 並びに国の行政に関する国民への「説明責任」の確保を図ることとされる (「行政事業レビューの実施等について」平成 25 年)。但し, 「政策評価」制度が「施策」を主な単位とするのに対し, 「行政事業レビュー」は, その下位の「事務事業」を単位とする。そのため, 「事務事業」の番号を共通化することで二つが統合され, 「施策」と「事務事業」の一体的把握が図られる。

さらに, 「行政事業レビューシート」では, 「EBPM」の枠組みに基づいた項目が開示される。

第 1 章・第 7 節で説明されたとおり, 「EBPM」においては, 統計・データ等の"エビデンス"を利用しながら, 「①現状把握」に基づいて「②インパクト」の予測が行われ, これを踏まえて「③課題設定」→「④アウトカム」→「⑤アウトプット」→「⑥アクティビティ」→「⑦インプット」→「⑧測定指標」の順で設定され, "ロジック" (政策手段と目的の論理的つながり) が明確化される。そのうえで, "ロジック"内の「アウトプット」・「アウトカム」・「測定指標」を定量化し, それらに基づいて, 政策の見直し・立案・選択が行われる。

このような考え方に依拠し, 「行政事業レビューシート」では, "ロジック"の順番を踏襲して, 「インプット」→「アクティビティ」→「アウトプット」→「アウトカム」の順に項目が示される。その主たるものは, 過去三年/当年度/次年度の, 当初予算額・補正予算額・執行額・執行率である。したがってここでも, 目標に対する実績の達成度合が「アウトカム」とされている。そしてこれをもとに, 事務事業の「有効性」が評価される。

4 ── アウトカム測定値による「有効性」評価の限界 ──実務面での限界──

以上の考察により, 政策の「有効性」評価につき, 現行では文章による自己評価, および「アウトカム」測定値である"目標達成度"に基づく評価が行わ

れることが明らかとなった。これを受けて本節では，当該測定値に依拠した「有効性」評価に内在する，実務面での問題点であり限界につき考察する。

4.1 GASB 政府会計概念書が規定するアウトカム測定値の問題点

　まず第 2 節（2.2）で列挙された，GASB［1994］が規定するアウトカム測定値につき，問題となる点を見ていく。これらは，「読解について一定の習熟度向上を達成した学生の割合」など，目標達成度が主たるアウトカムである。しかし，"一定習熟度達成"の判断は，管理者・基準設定者の主観に依らざるを得ない。この様なアウトカム測定値では，「有効性」の度合が評価者に依拠するため，それが問題として顕現化する。

　また別の例では，「公共交通を利用した人の割合」，「公共交通利用者増加による交通事故の減少数」など，政策効果の増加値がアウトカム測定値とされる。確かに，当該測定値は事実としての成果であり，数値自体に主観は存在しない。しかしこれらは，インプットが行われた結果であり，プラスに転じるのが半ば当然である。本来は，インプット（政府支出額）の価額を上回る成果があったかを判断すべきであるが，これを達成することはできない。

　この様に，GASB［1994］が規定するアウトカム測定値の特質は，一定基準が達成されたとみなされる"状態"の割合の測定値，および事実としての増加値，の二種類に類別される。そしていずれの場合も，「有効性」の度合が評価者の主観に頼らざるを得ず，これが評価の限界となっている。

4.2 「ベンチマーキング」に基づく「有効性」評価の問題点

　また，わが国の政府における「政策評価」の実務では，既述のとおり「ベンチマーキング」の手法が中心に据えられている。政策／施策／事務事業につき，アウトプットのベンチマーク，即ち目指す目標を予め設定し，その達成度合によって，「有効性」を評価するものである。

　しかしベンチマークは，設定者の意思・判断に基づく目標アウトプット（数・量）である。アウトプットの目標達成度が良好であったとしても，アウトカムま

で良好であるとは言えない。たとえ，アウトプットの数量が目標を上回っても，成果の度合を客観的に判断するのは難しいからである。それにもかかわらず，当該達成度をアウトカム測定値とし，これに基づいて政策の「有効性」を査定するのは，客観性に問題を残すことになる。

　また，府省をはじめ多くの自治体では，アウトカム値としての目標達成度につき，"A・B・C" や "○・△・×" などのランク付けをする。そしてこれをもとに，文章によって「有効性」が評価される。こうした方法は，評価者の意思・判断に基づくものであり，多分に主観が介在することになる。

5 ── アウトカム測定値による「有効性」評価の限界 ──理論面から見た限界──

　以上により，「政策評価」の実務において，アウトプットの目標値の達成度合をアウトカム測定値とし，これをもとに「有効性」を評価する手法につき，そこに限界があることが説明された。本来アウトカムとは，アウトプットによって発現した成果である。しかしそれを，目標達成度に基づいて評価するのは，客観性の面で難しいと結論付けたわけである。これを受けて本節では，経済学で研究されている「費用便益分析」（Cost Benefit Analysis, 以下，CBA）を援用し，理論面からも，政策の「有効性」評価に限界が存在することを示す（尚，CBA に関する考察は，主に第7章で行われるため，ここでは，概略的な説明に止める）。

5.1　CBA によって測定される「便益」の含意

　わが国では，国土交通省を中心に，社会資本支出から生じる「便益」につき，CBA を援用した貨幣価値換算が既に実践されている。ここでの社会資本とは，道路・橋梁・港湾などであり，そこから生じる「便益」とは，その利用に伴って，利用者が負担する金銭的，時間的，その他すべての費用が軽減される効果である（日本総合研究所［1998］，45頁）。

　図表5-3には，CBA による「便益」測定の前提となる，消費者余剰と生産

図表 5 － 3　消費者余剰と生産者余剰

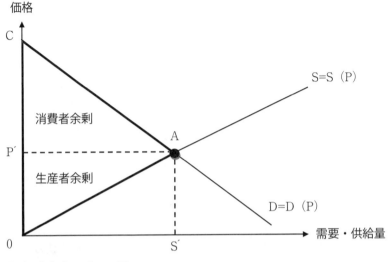

出所：宮本［2013］，58頁。

者余剰の概念図が示されている。需要関数 D（P）と供給関数 S（P）の交点である点 A において需要量と供給量が決定され（本章・補論において，需要関数と供給関数の導出過程を説明），消費者余剰と生産者余剰の合計，即ち社会的余剰が最大の値となる[4]。そこにおいて，"支払意思価額"の合計であるグロスの消費者余剰（□C0S´A）から，社会的費用（可変費用，図では供給曲線の下部領域）を差し引けば，残りは△CA0（太字の三角で囲まれた部分）となり，これが社会的余剰の価額となる。

　そして CBA では，政策実施前の時点における社会的余剰の価額に対する，政策実施後の同価額の増加額につき，それを便益の価額としている（詳細は第 7 章・第 3 節で説明）。

5.2　CBA における「便益」に含まれる政府支出額

　そして，CBA 理論から演繹された「便益」の特質につき，その中に固定費となる政府支出額が含まれており，その分だけ「便益」が少なくなっている。こ

こではそのことを説明する。

　まず，需要者（行政サービスの受益者）が獲得する「便益」について見ると，図表5－3において，グロスの消費者余剰（□CAS´0）から，需要者の支払額（□P´AS´0）を差引いた，消費者余剰（△CAP´）と一致する。また，生産者の収入額（□P´AS´0）から，供給に要した社会的費用（△0AS´）を差引いたのが，生産者余剰（△P´A0）である。

　他方，政府の「費用」につき，CBAでは，社会資本形成の価額である固定費（FC）として捉えられる（交通工学研究会［2008］，49-50頁）。具体的には，建設費（事業費）に維持補修費を加算した額が「費用」になる[5]。つまり，CBAにおける「費用」とは，固定費であり，社会資本を形成・維持するための政府支出額と一致する。

　ここで，獲得する利潤をπとすれば，CBAでは，次の式が成立している（同上，50頁）。

$$\pi＝収入（Py）－（固定費（FC）＋可変費（VC））$$

$$生産者余剰＝収入（Py）－社会的費用（SC）$$

$$＝収入（Py）－可変費（VC）$$

$$＝\pi＋固定費（FC）$$

$$社会的余剰（B）＝消費者余剰＋\pi＋固定費（FC）$$

$$費用（C）＝固定費（FC）$$

　これを見れば，生産者余剰＝政府利潤（π）とはならず，生産者余剰は，利潤（π）と固定費（FC）の和に等しいことがわかる（同上，50頁）。即ち，生産者余剰の中に，固定費（FC），即ち政府支出額が含まれている。

　そこで本節のここまでをまとめると，まず，CBAにおける「便益」の価額とは，政策実施前の社会的余剰額に対する，政策実施後の同価額の増加分である。そして，そこには政府支出額が含まれている。したがって，実質的な「便益」の価額とは，政策実施による社会的余剰の増加分から政府支出額を差引いた価額ということができる。

5.3 政府支出額と「便益」の関係性からみた「有効性」評価の限界

　以上の様なCBAの考え方に基づき，インプットである政府支出額と，アウトカムである「便益」との関係性について考える。かりに，「便益」が政府支出額よりも小さくなる場合には，インプットに見合うアウトカムが発現せず，政策の「有効性」が十分でなかったと評価される。以下では，CBA理論に基づいて，政府支出額（インプット）と「便益」（アウトカム）の理論的な関係を示し，後者が前者よりも小さくなるケースが存在することを明らかにする（本項は，宮本[2013] 60-63頁を参照）。

5.3.1 「便益」が政府支出額を上回るケース

　最初に，「便益」が政府支出額を上回るケースを説明する。前項（5.1）で述べたとおり，CBAでは，政府支出額（固定費）が生産者余剰の一部を構成するものとされる。そこで図表5－4においても，生産者余剰（$\triangle P_1 A_1 T$）において，政府支出額が含まれている。

　ここで，政府が社会資本形成のための投資を行うものとする。例えば道路整備の場合，これによって時間費用（その移動時間を仕事に充当できないため失う価値），疲労・苦痛，燃料費などの社会的費用が減少する。そのため，当初の供給関数 S_1 は，下方の S_2 にシフトする。

　ここで，生産者余剰のうちの供給者利潤（π）が，さほど多くはないと仮定する。その時，生産者余剰は，ほとんどが政府支出額で占めることになる。この状態において，社会資本への投資が行われると，供給関数は S_1 から S_2 へシフトし，総余剰（消費者余剰＋生産者余剰）は，□TGA_2A_1 だけ増加する。

　そこでは，供給者利潤が多くないと仮定するので，政府支出額は $\triangle P_2 G A_2$ に近い数値となる。この時，図表5－4を見ると，「便益」の増加額である□TGA_2A_1 が，政府支出額を上回っている。即ちそこでは，□$TP_2A_2A_1$ だけ，サービス受益者の「便益」が上回ることになる。

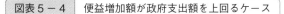

図表5－4 便益増加額が政府支出額を上回るケース

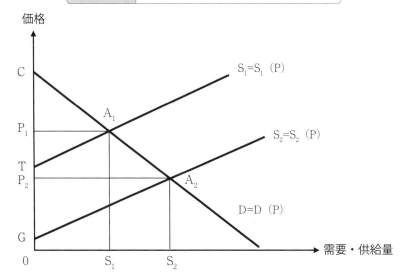

出所：宮本［2013］，62頁。

5.3.2 「便益」が政府支出額を下回るケース

　次に，「便益」が政府支出額を下回るケースの存在を確認する。政府支出による社会的費用の減少効果が十分でなかった場合に，当該支出額が「便益」増加額を上回ることになる。

　ここで上記と同様に，生産者余剰に含まれる供給者利潤（π）が，さほど多くはないと仮定する。その時，生産者余剰の大部分を政府支出額が占めることになる。この状態において，政府が社会資本形成のための投資を行ったとする。例えば道路整備を実施した場合，時間費用，疲労・苦痛，燃料費などの社会的費用が減少する。この時，図表5－5のとおり，供給関数は S_1 から S_2 へシフトし，総余剰（消費者余剰＋生産者余剰）は□ TGA_2A_1 だけ増加する。

　ここで，新たな政府支出額（社会資本の支出）について見ると，供給者利潤（π）がゼロに近いと仮定するため，最大で△ P_2GA_2 である。図表5－5を見れば，当該支出額（△ P_2GA_2）が，便益の増加額（TGA_2A_1）を上回っている。即ちこれは，

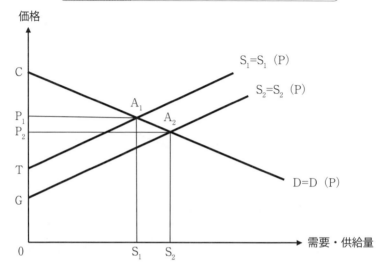

図表5－5　便益増加額が政府支出額を下回るケース

出所：宮本［2013］，63頁。

政府支出額に見合う成果が上げられなかったことを意味する。

　この様に，CBA理論に基づけば，「便益」増加額が政府支出額を下回るケースを確認することができる。政策の実施によっても社会的費用が十分に減少しなければ，「便益」の増加額が政府支出額を下回るのである。ところが，こうしたケースでも，ベンチマーキングを用いれば，アウトカムの目標達成度が高い時に，政策の「有効性」が高いと評価される。これを回避するには，「便益」を貨幣価額で測定し，客観的に当該評価を行うべきと言える。

6 ── おわりに

　以上の考察により，アウトカム測定値に基づく政策の「有効性」評価につき，実務面と理論面（ここではCBA理論）の両方において限界が存在し，適正な評価がされにくいことが示された。

　まず実務面では，多くの政府が，ベンチマーキングによって，政策の「有効性」を評価している。しかし，当初に設定する目標，およびどの程度をもって目標が達成されたと見なすかにつき，評価者の主観に委ねることになる。そのため，当該手法で適正な「有効性」評価を実施するのは限界があると考えるべきである。

　また理論面においては，CBA を援用し，政府支出額（インプット）と「便益」（アウトカム）の関係性に着目して，「有効性」評価の限界有無が考察された。そしてそこでは，アウトカム測定値（単位は"円"）が，インプット測定値（単位は"円"）よりも少なくなる状態が確認できた。アウトカムの貨幣価値換算額が政府支出額よりも少ない場合，インプット，およびそれと等価であるアウトプットに見合う効果が十分には発現していないことになる。ところが，事実がそのようであっても，ベンチマーキングを用いると，実績が目標に達していれば，政策の「有効性」が良好と評価されることになる。

　「有効性」評価に含まれるこの様な問題点に対しては，CBA を用いてアウトカムを貨幣価値換算することで，その解消もしくは減衰を図ることが可能と考える。なぜなら，アウトカムの測定単位が"円"であるため，当該価額と政府支出額とを，共通尺度で比較することができるからである。ベンチマーキングにより算出される「目標達成度」と比べ，一層客観的に，アウトカムの「有効性」評価が達成できるのである。

【注】

1 ）GASB［1994］，par.16. また，経済協力開発機構（OECD）においても，政府活動に対する業績改善のインセンティブにつき，3E を高めることにあるとされている（OECD［1997］，par.7）。

2 ）東［2001］，106 頁。また GASB でも，「有効性」について，「ある特定の活動・事業に関する事前に定められた究極目標と基本目的がどの程度達成されたかを測定するもの」とされる（GASB［1994］，par.16）。

3 ）総務省［2017b］，11 頁。ここでの「必要性」とは，政策の目的の妥当性および当該政策を行政が行う必要性であり，この観点からの評価が行われる（同上，6 頁）。また「効

率性」は，政策の効果と費用との関係性であり，この観点から評価が行われる（同上，6頁）。

4）需要関数の高さは，「需要者が支払ってよい」と思う額であり（金本他［2006］，33頁），供給曲線の高さは，「生産者が供給してよい」と思う額である（同上，35頁）。

5）交通工学研究会［2008］，50頁。維持補修費については，交通量の影響を受けずほぼ一定であることから，建設費とともに固定費（FC）として扱われる（同上，50頁）。

補　論

需要曲線と供給曲線の導出

　第5章では，CBA における「便益」測定の前提となる，消費者余剰と生産者余剰の概念が図により示された（図表5‐3）。即ち，需要関数 D（P）と供給関数 S（P）の交点である点 A で需要量と供給量が決定され，消費者余剰と生産者余剰の合計である社会的余剰が最大の値となる。以下では，補論として，そこで用いられた需要曲線と供給曲線につき，導出プロセスの概略を説明する。

1 ── 需要曲線の導出

　需要曲線は，5章・図表5‐3において，D=D（P）で示されており，需要量（D）を価格（P）の関数として表現したものである（交通工学研究会［2008］，15頁）。

　市場に財 x_1 と財 x_2 が存在するものとし，財 x_2 の価格 P_2 と，予算制約 I は変わらないとすれば，財 x_1 の価格 P_1 の変化に応じて，x_1 の需要量は変化する。P_1 が増加（即ち価格上昇）すれば，予算制約線は変化して x_1 軸との交点の額が減少する（即ち x_2 財の需要量がゼロの時に x_1 財の需要量が減少する）ので，効用 U（x_1, x_2）と予算制約線の交点においても，x_1 の数値は減少する。

　この様に，財 x_2 の価格 P_2 および予算制約 I が変わらないという前提のもとで，x_1 の価格 P_1 の変化に対応した x_1 の需要量 D の変化は，マーシャルの需要関数として，$X_1 = D_1$（P_1, $\bar{P}_2$, $\bar{I}$）と表すことができる（同上，20頁）。

　ここで，逆関数として $P_1 = P_1$（X_1, $\bar{P}_2$, $\bar{I}$）を設定すれば，需要量 X_1 に対応した支払意思額としての価格 P_1 が導出される（同上，31頁）。したがって，X_1 と P_1 の関数については，D = D（P）と表すことができる。

　そして CBA において，例えば政府による道路投資であれば，需要量 D が，

特定の路線の交通量であり，価格Ｐは，燃料費，時間費用，通行料金，疲労など，利用者が道路を使うにあたって自ら私的に意識するコストをすべて合計したものが前提とされる（同上，15-16頁）。

つまり需要曲線において，その高さは，需要者が支払っても良いと思っている価格であり，「支払い意思額」ということができる（金本他［2006］，32-33頁，交通工学研究会［2008］，31頁）。供給量が増加すると，需要者にとっては当該価格を下げることができるので，需要曲線は，5章・図表5－3の様に右下がりとなる（同上，32-33頁）。

2 ── 供給曲線の導出

次に供給曲線の導出プロセスについて見ていく。まず，政府における財・サービスの提供量（q）があり，これが増加すれば総費用（C）も増加すると考えられるので，二つの関係を $C = C(q)$ と表すことができる（費用関数）。この時，提供物1単位当たりの費用である平均費用（AC）は，$AC = C(q) / q$ と表される。また，提供物を1単位追加したときに増加する費用である限界費用（MC）は，$MC = \triangle C / \triangle q$ と表される。そしてミクロ経済学では，財・サービス提供の初期段階で限界費用が逓減し，特定時点から逓増に転じることが想定されている。したがってこの分岐点において，$AC = MC$ が成立している。

また，個別の政府主体の財・サービスに対する需要について見ると，個々の主体（それは全体から見ると十分に規模が小さい主体）にとって，提供量（q）の変化は価格（p）に対し無視し得るほどの影響しか与えないと考えられる。そのため，需要曲線の形状は水平となり，いくら提供量を増やしても，価格（p）は一定で変化しない。そこで，価格（p）が一定であれば，総収入（R）は，$R = pq$ となり，平均収入（AR）は，$AR = pq / q = p$ となる。また，提供量を1単位増加させたときの総収入の変化量を限界収入（MR）とすれば，需要曲線の形状が水平なので，これは価格と等価になる。即ち，$MR = p$ である。したがって，政府主体の財・サービスの提供と需要においては，$AR = p$，$MR = p$ であるため，

AR ＝ MR ＝ p が成立する。

　次に，政府主体の利潤，即ち財・サービスの提供によって得られる便益を最大にする水準においては，限界収入（MR）と限界費用（MC）が等しくなる（MC ＝ MR）。かりに MC ＜ MR なら，1 単位財・サービスを増加すれば（MR － MC）だけ便益が増加し，MC ＞ MR ならば，1 単位財・サービスを減少すれば（MC － MR）だけ便益が増加する。そこで，便益が最大となるには，限界収入（MR）と限界費用（MC）が等しくなければならない。この時，既述のとおり MR ＝ p であるため，MC ＝ p が成立する。

　そして上記のとおり，財・サービス提供の初期段階で限界費用が逓減し，特定時点から逓増に転じる。図表補論 5 － 1 の E_2 においては，p ＝ MC ＝ AR となって，便益がゼロになる。即ち，ここが損益分岐点である。ただしこのときに提供を中止しても，固定費用は必要となるため，当該価額の損失が生じてしまう。そこで，財・サービスを提供し続けるときの損失が，中止するときの損失よりも小さいときは，提供を続けることになる。そして，価格が平均可変費用よりも低くなる時点，即ち図表補論 5 － 1 の E_1 点において，提供が中止される。

　以上のことから，限界費用曲線は，価格と財・サービス提供量の関係を示すものとなることから，これを供給曲線と見なすことができる。そこで，図表補論 5 － 1 に示されたとおり，均衡点 E_1 より右側の限界費用曲線（太線）につき，供給曲線とすることができる。

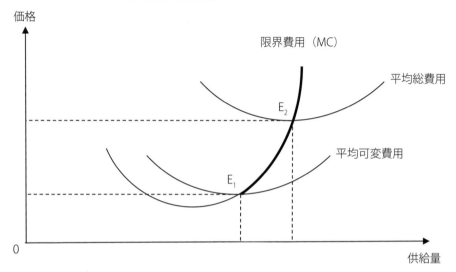

116

図表補論 5 － 1 ｜ 供給曲線（太字部分）

出所：通説をもとに筆者作成。

第6章

政策の「有効性」評価における「インパクト」値利用とその問題点
― NPO の「SROI 評価」を参照した考察―

1 ── はじめに（考察の目的）

　前章の考察により，政府が実施する「政策評価」において，目標達成度に基づいて「有効性」（effectiveness）を評価する「ベンチマーキング」に対し，実務と理論の両面から限界が明らかにされた。

　この解決を目途に，端緒として，近年，NPO（Non-Profit Organization）の活動で生じた成果を「インパクト」と称し，これを貨幣換算する動きに着目したい[1]。ここで「インパクト」とは，「持続期間を勘案した活動の成果・効果」と定義される（SROI Network [2012], p.14）。したがって，NPO が捉える「インパクト」は，「政策評価」における「アウトカム」・「インパクト」と同様の概念と考えられる。

　実際に，特定の NPO では，活動の最小単位である「事業」を対象に，「インパクト」値が算出・公表されている。さらには，これを支出額（インプット）で除すことで「社会投資収益率」（Social Return on Invest: SROI）を算出し，これに基づいて NPO 活動の業績評価が行われている。

　そして，NPO の「インパクト」評価は，第5章で示された「費用便益分析」（Cost Benefit Analysis; CBA）を理論基礎にして開発されたものとされる（小関・馬場 [2016]，10 頁）。行政活動の成果につき，これを「便益」（benefit）の増加額に見立てて貨幣価値換算することが，CBA の眼目である。NPO 活動の「インパ

クト」値は，これと同じ考え方に基づき算出されている（Arvidson *et al.* [2012]，p.6）。

　このCBAについては，府省「政策評価」制度でも導入される可能性がある（2024年時点）。これまで述べたとおり，当該制度ではEBPMおよび「効果検証」が推進され，後者では，「インパクト」の貨幣価値換算が提案されている（「EBPMガイドブック」，内閣官房行政改革推進本部，令和5年，18頁）。そしてその中で，政策実施前後の「アウトカム」を比較してその効果を測定する方法が具体例として示されている（同上，75頁）。

　ただし，NPOで算出される「インパクト」値に対しては，信頼性や客観性の面で，従前より問題点が指摘されている。そこで本章は，それらにつき，代表的なものをピックアップし，整理・要約することを目途とする。

　まず第2節で，NPOが測定・評価をする「インパクト」値の特質，当該値算出のための枠組である「SROI評価」の形成経緯，および「SROI評価」の機能について示す。次に第3節では，「SROI評価」の全体概要と具体的な評価の流れを説明する。そのうえで第4節において，先行研究で既に指摘された，「インパクト」値に含まれる問題点を明らかにする。

2 —— NPOの業績評価に用いる「インパクト」値の機能

　まず本節では，NPO活動の成果を貨幣価額で表した「インパクト」値の特質，および当該値算出のための枠組である「SROI評価」の形成経緯を概観する。さらに，「SROI評価」が具備する機能を説明する（本節において，伊藤・玉村 [2015] からの引用については，頁のみを文中に記す）。

2.1　「インパクト」値の特質と「SROI」評価の形成経緯

　「インパクト」値の特質とは，NPOの活動によって生じた成果である「アウトカム」につき，これを社会に生じた「インパクト」と捉え，金銭的価値に換算することにある（42-43頁）。一般には，活動成果の影響が長期に及ぶことで

組織・コミュニティに生じる変化を「インパクト」と定義する（W. K. Kellogg Foundation［2004］, p.1）。そして，これと「インプット」とを対比させて投資収益率（ROI）に相当する指標を算出する手法につき，「SROI 評価」と呼ばれている（小関・馬場［2016］, 9 頁）。

　当該評価は，冒頭で述べたとおり，CBA を理論基礎としている（42 頁）。CBA は，ミクロ経済学で確立された「便益」（benefit）の貨幣価値換算手法であり，これに依拠して NPO 活動の「インパクト」が算出される。

　次に，「インパクト」値を算出する枠組・システムである「SROI 評価」の形成経緯を見る。

　その発端は，1997 年から 1999 年にかけて，アメリカの Roberts Enterprise Development Fund により，NPO 活動で生じる「インパクト」を貨幣評価する仕組みが作られたことに始まる（42 頁）。そして，その意義を認識したイギリス政府により，2009 年に "SROI Project" が立ち上がり，実践的な導入手法の研究が開始された[2]。これを受けて 2013 年には，政府による委託業務の価値評価を義務付ける "Public Service Act（Social Enterprise UK 2012）" が施行されるに至っている（44 頁）。

2.2　「SROI 評価」に内在する機能

2.2.1　資金提供効果の定量把握

　近年，社会において「SROI 評価」が認知されていったのは，資金提供者（助成財団・行政・中間支援組織など）の側に，成果ベースを重視して資金助成を行う意向が存在したためである（47 頁）。また NPO 側にも，活動成果の自己評価を行い，これを対外発信する志向が，従前から存在していた（48 頁）。

　こうした社会ニーズの中で，貨幣価値換算された「インパクト」，およびこれを「インプット」で除して算出された SROI 値が把握できれば，事業の投資効果を定量的に評価できる（48 頁）。また，当該値は貨幣価額であるため，一定の客観性と比較可能性が担保される。これにより，資金提供者と NPO，双方のニーズに応えることが可能となってくる。

2.2.2 「参加型評価」による「インパクト」値の共有

また，現行の「SROI 評価」では，事業に関わるステークホルダーである，受益者・出資者・政府・NPO などによる，「参加型評価」の形態が備わっている (48頁)。各ステークホルダーが評価の過程に直接関与することで，算出される「インパクト」値に対する認識の共有を目指すのである (48頁)。

ここで，NPO の特質を見れば，そこには資金提供者・中間支援組織・受益者など複数の主体が関与しているため，その事業が生み出す変化の方向性を共有する必要がある (小関・馬場 [2016], 12頁)。また，事業の実施により生じたマイナスの効果についても，合理的な根拠をもって把握すべきである (同上, 12頁)。そこで，増加した社会的価値である「インパクト」のレベルにつき，ステークホルダーのコンセンサスを形成することで，事業の生産性向上を目指すことができる (49頁)。

3 ── 「SROI 評価」の全体概要

以上により，「インパクト」値算出の枠組である「SROI 評価」の形成経緯，および内在する機能が示された。これを受けて本節では，「SROI 評価」の全体概要と具体的な評価の流れを説明する。

3.1 「SROI 評価」の全体概要

「SROI 評価」は，ロジックモデル (logic model) に依拠したものであり，「資源投入 (インプット) → 財・サービス提供 (アウトプット) → 成果の発現 (アウトカム) → 発生する変化 (インパクト)」の流れを辿って，最終的に「インパクト」の貨幣価額が測定される (伊藤・玉村 [2015], 45頁)。

まず，「インプット」およびそれを原資として投入される「アウトプット」が把握され，そこから生じる複数の「アウトカム」が設定される (SROI Network [2012], p.102)。次に，「アウトカム」に対し，貨幣価値換算が行われる (*ibid.*, p.103)。そのうえで，当該価額につき，調整 (過大評価の減額・外部要因分析・置換

など）が加えられる（*ibid.*, p.104）。さらに，複数年に渡る効果に対する割引計算を行うことで，「インパクト」が算出される（*ibid.*, p.105）。最後に，「インパクト」を「インプット」で除すことによって，SROI値が算出される。

3.2　インパクト・マップを用いた「SROI評価」の流れ
3.2.1　「インパクト・マップ」の概要
そして「SROI評価」の実務では，しばしば「インパクト・マップ」が用いられる。図表6－1に，その構成例が示されている[3]。

以下では，この表をもとにして，「SROI評価」の流れを説明する。

3.2.2　「インプット」価額の把握
まず，事業の「インプット」が算出される。「SROI評価」における「インプット」とは，事業に投入された資金の価額である。出資者からの寄付金，政府からの補助金，事業を実施するNPOの自己資金などが「インプット」に該当する[4]。

図表6－1では，出資者の寄付金200円，政府の補助金500円，NPO（ここでは事業の実施者）の自己資金100円で，合計800円が，"就労支援事業"における「インプット」の価額となる。

3.2.3　「アウトプット」価額の把握
次に，「アウトプット」が測定される。「アウトプット」は，「インプット」を財源として提供される財・サービスであり，「SROI評価」では量的測定が行われる（*ibid.*, p.32）。例えば，NPOが派遣した人員の数，研修を受講した数などがその数値である（*ibid.*, p.32）。

図表6－1では，事業の実施者であるNPOにおいて，"就労支援事業"に従事した人数である50名が，「アウトプット」の数値となる。

図表 6 － 1　インパクト・マップの構成（就労支援事業）

ステークホルダー	インプット（価格）	アウトプット	アウトカム				アウトカム価額（複数年）	調整項目（複数項目）	インパクト（複数年）
			実施成果	測定単位	測定方法	財務プロキシ			
受益者			就業意欲の向上	心理尺度	インタビュー	コーチングの単価	XX円		2,254円
出資者	寄付金（200円）								
政府	補助金（500円）		納税額等の増加						672円
事業の実施者（NPO）	自己資金（100円）	就労支援50名							
合計	A：800円								B：2,926円

SROI：B／A ＝ 3.66

出所：伊藤・玉村［2015］，粉川［2016］を参照して筆者作成。

3.2.4 「アウトカム」の特定

そして「アウトプット」の次には，事業の「アウトカム」が特定される。「アウトカム」とは，「アウトプット」を受けた主体（受益者），もしくはそれに関わった主体（提供者）における，行動・知識・スキル・ステータスの効果である[5]。NPO の活動によって受益者が獲得した「便益」，およびそれに起因して政府にもたらされた税収増加や公的支出削減などが「アウトカム」の実質であり，「SROI 評価」では，これらが貨幣価値で測定される[6]。

ここで留意すべき点は，一つの「アウトプット」に対し，複数の「アウトカム」が設定されることである。例として，NPO の代表的活動である "健康増進活動" を「アウトプット」したとき，その「アウトカム」には，①医療機関等への通院回数の減少，②健康状態の改善，③仲間作りの達成，などが設定される（*ibid.,* p.102）。

図表６−１では，"受益者の就業意欲の向上"，および "政府納税額の増加" の二つが，"就労支援事業" の「アウトカム」に設定されている。

3.2.5 「アウトカム」の貨幣価値換算

こうして「アウトカム」が設定されれば，それにつき貨幣価値換算が行われる。まず，量で示すことが可能な「アウトカム指標」（outcome indicators, 以下「指標」）が設定される[7]。これは，「アウトカム」として「‥‥が減少した」，「‥‥ができた」，「‥‥となった」ことを表すもので，数量が測定可能なものに限られる。

次に，一単位の「指標」が達成されるために要する金額である「財務プロキシ」が設定される。この代表的なものには，受益者の何かが改善されたとき，当該活動が無ければ必要であったコストが挙げられる。即ち，会費，カウンセリング・診察料，賃金などである。そして当該額に「指標」の数値（カウントされた数）を乗じることで，「アウトプット」がもたらした効果である「アウトカム」が算出される。

図表６−１を見ると，「指標」は "就業意欲が向上した" であり，インタビューによって個々の心理尺度を測り，向上是認の水準に達した受益者の人数が

まず確定する。そしてこれに，「財務プロキシ」として「コーチング単価」，即ち NPO 活動が無ければ必要であったコストを乗じることで，「アウトカム」（但し調整前）が算出される。

3.2.6 「アウトカム」に調整を加えて「インパクト」を算出

こうして「アウトカム」の価額が計算できれば，次にはそれに対する「インパクト」が算出される。冒頭でも述べたとおり，「インパクト」とは，およそ 10 年以内の活動の「アウトカム」として，組織やコミュニティで発生する"変化"を意味する[8]。

これを算出するには，「アウトカム」に対して，"Dead-weight"（過大評価），"Attribution"（外部要因），"Displacement"（置換），"Drop-off"（逓減）などの調整が行われる（*ibid.*, pp.56-61）。そのうえで，年度ごとに生じる「アウトカム」の割引現在価値計算を合算することで，「インパクト」の価額が算出される（*ibid.*, pp.67-68）。

図表 6 - 1 では，上記の調整を加えた，受益者の"就業意欲向上"の「インパクト」が，2,254 円と算出されている。また，政府の「納税額等の増加」の「インパクト」については，各年度における割引計算のみを行い，672 円と測定されている。

3.2.7 SROI 測定値を算出

そして最後に，算出された全ての「インパクト」の価額を合計し，同じく合計された「インプット」の価額を除すことで，事業の SROI 測定値が算出される（*ibid.*, p.68）。そしてこれを分析することで，「SROI 評価」が達成される。

図表 6 - 1 では，「インパクト」価額の合計が 2,926 円，「インプット」価額の合計が 800 円であり，前者を後者で除して，SROI（社会投資収益率）の数値が，3.66 と算出されている。

4 ── 先行研究で指摘される「SROI 評価」の問題点

　以上より，SROI Network［2012］を主に援用することで，「SROI 評価」の具体的な方法が説明された。これを受けて本節では，先行研究で指摘された，「SROI 評価」の重要な問題点を三点ピックアップし，その内容を説明する。

4.1　「インパクト」価額の正確性の問題

　先行研究では，算出される「インパクト」の価額につき，その正確性の問題が指摘されている。それらは，“アウトカムの抽出の恣意性”，“無形便益の貨幣価値換算の困難性”，および“寄付金獲得意図の介在”の三つに括ることができる。

4.1.1　「アウトカム」の抽出の恣意性

　前節での説明のとおり，「SROI 評価」では，一つの事業に対して複数の「アウトカム」が設定され，それと一対一で「インパクト」が測定される。そこにおける「アウトカム」の設定作業は，評価者の主観や経験に拠るところが大きい。そのため，事業によって生じる多面的な社会的価値を正確に測定できない懸念がある（伊藤・玉村［2015］, 49-50 頁）。

　そして，一つの「アウトカム」に一つの「インパクト」が対応することから，最終の「インパクト」価額も同じ影響を受け，正確とならない場合があり得る。

4.1.2　無形便益の貨幣価値換算の困難性

　「インパクト」の測定においては，“幸福度（wellbeing）”，“自尊心（self-esteem）”，“自信（confidence）”といった，人間心理の状態がパラメタとなり得る（Arvidson et al.［2012］, p.6）。

　一般的な測定方法として，“幸福度の上昇”が「アウトカム」とされ，アンケートでその様に感じた人数が「指標」となる。そしてこれに，「財務プロキシ」である“当該サービスが受けられなければ必要であった会費”を乗じ，調整を経

て「インパクト」が算出される。

　しかし，このような無形の便益につき，これを正確に貨幣価値換算するのは困難と考えられる[9]。アンケートにおいて，「・・・できた／できない」の二択であるなどスケールが少なければ，正確な人数（指標の数）を把握できない。さらに，スケールの何段階目までを「・・・した」とカウントするかは，評価者の主観に頼ることになる。科学的な統計手法を用いるにせよ，この様な，客観性が十分と言えない「指標」の数値に基づいて「アウトカム」を算出する方法では，数値の正確性を充足するのが困難となる。

4.1.3　寄付金獲得意図の介在

　「SROI 評価」を実施する目的の一つとして，NPO が自ら努力して生み出した社会価値を人々に認識してもらい，寄付金や委託費を増額させたいという "自己アピール" が含まれている（小関・馬場［2016］，7 頁）。こうした意図が含まれることで，測定にバイアスがかかり，「インパクト」価額の正確性を損ねる可能性がある。

4.2　「インパクト」価額の算出に「総平均費用」を用いる問題

　NPO が実施する事業の「インパクト」価額の算出において，パラメタである財務プロキシには「平均総費用」を用いるのが一般的であるが，本来は，費用を変動費と固定費に分けて考える必要がある（Arvidson *et al.*［2012］, p.8）。

　前述のとおり，「インパクト」の価額は，財務プロキシとして "NPO のサービスが無ければ専門機関に支払う費用" を設定し，これに「指標」の数値を乗じて算出される。ここで，当該費用に「平均総費用」を用いれば，そこに固定費が含まれる（*ibid.*, p.9）。

　しかしここで，短期的には固定費を削減できないことに着目すべきである。仮に，損益分岐点に到達して活動を中止しても，財・サービス提供による損失が中止の時よりも小さい限り，その提供は続けられる。そこで，財務プロキシである「平均総費用」に固定費が含まれるが，実質的に生じるコストは変動費

に限られる[10]。したがって，固定費が含まれてしまえば，「インパクト」値が多めに算出されることになる。

　同様に，NPO活動により生じる「インパクト」として，政府の公的支出削減額が含まれる（図表6-1参照）。しかし，当該活動に起因して削減される支出額は，変動費の部分のみであり，かつ固定費よりもはるかに少額である（*ibid.,* p.9）。したがって，「インパクト」の実際の価額は，現行の枠組みで算出される価額よりも少ない可能性が高くなる。

4.3　ボランティアの社会的価値評価の問題

4.3.1　ボランティア活動の「インパクト」値算出における問題点

　「SROI評価」では，ボランティア従事者の活動により生じた「便益」について，財務プロキシとして「人件費」を設定して「インパクト」値が算出される（*ibid.,* p.10）。しかし，本来ボランティアは無償で行われるため，「人件費」の価額に客観性が乏しいことが，ここで問題となる。

　通常，当該価額の設定には，二つの方法が想定されている。一つは，ボランティアをせず仕事をした場合に得られる給与，即ちボランティアの機会費用を用いる方法である（機会費用法）。ただしこれによれば，ボランティア従事者が本職で得ている平均給与額の如何により財務プロキシの数値が異なるため，客観的な「インパクト」が算出できない。

　方法のもう一つは，ボランティアが実施する業務を専門家が行ったと仮定し，その給与を財務プロキシとするものである（代替費用法）。しかしこれによれば，ボランティアと，その仕事を本職にする人とで労働単価が異なるため，やはり客観的な「インパクト」の算出は困難である[11]。

4.3.2　ボランティアを管理するコスト算出の問題点

　NPOにおいて，ボランティアの管理コストを算出することは，必ずしも容易とは言えない（Arvidson *et al.* [2012], p.9）。当然に，直接的な人件費はボランティア従事者に支払われないが，人員確保・作業管理・トレーニングなどのコスト

は必要となる（*ibid.*, p.10）。

　そして当該コストは，「SROI 評価」における「インプット」の要素となり，最終測定値である SROI 値を算出する際には分母に含めることになる。それにもかかわらず，管理業務コストの網羅的で正確な計算には困難を伴うことになる（*ibid.*, p.10）。

5 ── おわりに

　以上の様に本考察では，NPO の「SROI 評価」における「インパクト」値算出において，先行研究を援用しながら，内在する問題点が明らかにされた。その要諦は，以下のとおりである。

- ・算出価額の正確性につき，「アウトプット」から生じる「アウトカム」の設定が恣意的となること，無形便益の貨幣価値換算は本来的に困難であること，が問題点となる。
- ・「インパクト」値算出において，財務プロキシには「総平均費用」を用いるが，本来は「変動費」のみを用いなければ，正確な価額が算出できない。
- ・ボランティア活動の「インパクト」値算出において，機会費用法もしくは代替費用法を用いると，正確な価額が算出できない。

　以上を見れば，算出された NPO 活動の「インパクト」値には，重要な問題点が伏在していることがわかる。そこで次章では，これを踏まえながら，正確に活動成果の貨幣価額を測定できる方法につき，改めて考察を行う。

【注】

1）「インパクト」は，ロジックモデル（logic model）の構成要素であり，事業の完了後，組織・コミュニティ・システムに発生する変化を意味する（W. K. Kellogg Foundation [2004], p.1）。また「アウトカム」は，何らかの享受を受けた主体の，行動，知識，スキル，ステータス，およびレベルの，特定の変化である（*ibid.*, p.1）。したがって，「アウ

トプット」により発現した効果が「アウトカム」であり，それが広範囲かつ長期に及ぶ
ときにその効果が「インパクト」であると解せられる。

2 ）これに先立ち 2008 年には，「SROI 評価」を実践するネットワーク組織として，
　　“SROI Network” がロンドンに設立されている（伊藤・玉村［2015］, 44 頁）。イギリ
　　スでは，2008 年の金融危機を境に政府の財政状況に対する懸念が強まり，社会的事業に
　　対する予算削減や寄付金の縮小が想定されて，社会的事業の効率を定量的に評価するこ
　　とへの関心が高まった経緯がある（同上，43 頁）。

3 ）SROI Network［2012］, pp.102-106 において，具体的な「インパクト・マップ」の事
　　例が示されている。また粉川［2016］では，これを用いた埼玉県の「SROI 評価」の
　　ケースが紹介されている。

4 ）「インプット」で大きな割合を占めるボランティア従事者の労働価額については，実
　　質無料であるが，同様の業務の従事者の平均時給などで計算される場合がある（SROI
　　Network［2012］, p.20）。

5 ）W. K. Kellogg Foundation［2004］, p.2 参照。短期的な「アウトカム」は 1 〜 3 年以内
　　に発現するが，長期的なものは 4 〜 6 年の期間内に達成される（ibid., p.2）。

6 ）「SROI 評価」の中で，受益者が政府である場合の「アウトカム」については，NPO
　　が実施する事業に起因する税収の増加，および社会保障額の減少が該当する。CBA に
　　おいては，これらの価額も社会的便益の増加分と考えられている。

7 ）SROI Network［2012］, p.38. また 2008 年には，ロックフェラー財団により，「指標」
　　のリスト（Impact Reporting and Investment Standards）が開発され，一般に普及して
　　いる（西村［2016］，197 頁）。

8 ）W. K. Kellogg Foundation［2004］, p.2.「インパクト」の算出は，定量評価，自己評価，
　　外部報告目的に該当するものである（小関・馬場［2016］，7 頁）。

9 ）Arvidson et al.［2012］, p.6 参照。また Fujiwara［2015］では，「インパクト」の算出
　　値が恣意的であり，これを社会的価値（social value）とすることは空虚に等しいと指摘
　　している（Fujiwara［2015］, p.7.）。

10）例えば国民保険サービスにおいて，変動費には薬・診察・交通費などが挙げられ，固
　　定費には医師の給与・減価償却費などが想定できる（Arvidson et al.［2012］, p.9）。

11）例えば，“精神状態の回復” を目的とする NPO 活動の「インパクト」算出では，「指
　　標」を「心療内科の利用度」，財務プロキシを「診察料」として「インパクト」を計算
　　する場合がある（SROI Network［2012］, p.49）。この場合，ボランティアと医師とでは
　　スキル・レベルに大差があると考えられるので，「診察料」を財務プロキシにすること
　　には問題がある。

第7章

費用便益分析による「事務事業」の「インパクト」値測定

1 —— はじめに（考察の目的）

　これまでの考察により，「政策評価」において最重要とされる「有効性」評価につき，現行の状況が示された[1]。そして第5章では，設定目標の達成度に基づいて「有効性」評価を行う「ベンチマーキング」に対し，"実務"および"理論"の両面で限界があることが説明された。また第6章では，現在NPOで実施されている「SROI評価」に着目し，そこで算出される「インパクト」に基づく「有効性」評価の方法，および内在する問題点が明らかにされた。

　NPO活動の「インパクト」値を測定する方法につき，これはミクロ経済学の「費用便益分析」（Cost Benefit Analysis; CBA）を援用して開発されたものとされる（小関・馬場 [2016]，10頁）。そのため，「SROI評価」で測定される「インパクト」の価額は，経済学をベースに測定される「便益」（benefit）とは等価になる（Arvidson *et al.* [2012], p.6）。つまりNPOでは，活動により社会にもたらされる「便益」につき，CBAに依拠して貨幣価値換算した上で，その「有効性」が評価されるのである。

　ただしCBAは，現状において，道路・橋梁・港湾など大規模投資の事前分析を中心に利用される。これに対し，事務事業など予算が小規模なものにもCBA理論が援用できれば，「ベンチマーキング」に頼らずとも，「アウトカム」およ

び「インパクト」の貨幣価値把握が達成できる。それにより，客観的な「有効性」評価が可能となる。

　そして，わが国府省「政策評価」制度では，CBA が，「EBPM」および「効果検証」の推進機運が高まる中で是認されつつある。特に「効果検証」は，政策実施後の「インパクト」評価が基軸であり（「EBPM ガイドブック」（令和 4 年 11 月），18 頁），当該検証方法の一つとして，CBA の利用が挙げられている[2]。新たな「政策評価」，とりわけ事後評価の枠組みを模索する中で，CBA が評価ツールの一つに位置付けられたことになる。

　そこで本章は，まず，NPO が実施する「インパクト」値に含まれる問題点につき，第 6 章の考察結論を要約して示す（第 2 節）。次に，「インパクト」値算出の基盤理論である CBA について，ミクロ経済学の先行研究を援用し，その概要を説明する（第 3 節）。そしてこれらを踏まえながら，CBA 理論に忠実な「事務事業」の「インパクト」値が如何なるものであるかを明らかにする（第 4 節）。

2 ── 「SROI 評価」の「インパクト」値に含まれる問題点

　まず本節では，第 6 章の考察結論である所の，「SROI 評価」で算出される「インパクト」値に含まれる問題点を概括する。

　NPO の「SROI 評価」では，"孤独感が解消した"とか，"健康が回復した"など，特定事業の実施による幸福度の向上を，典型的な「アウトカム」・「インパクト」と定める。実務においては，"・・・した（と感じた）"ことが「指標」に設定され，アンケートなどを通じて当該人数が集計される。そしてこれに，サービスを受けない場合に必要となる会費，診察・カウンセリング料などのコスト（財務プロキシ）を乗じることで，活動の「アウトカム」値が算出される。さらに，当該値に調整を加え，「インパクト」値が算出される。

　このプロセスでまず問題となるのは，「アウトカム」のピックアップに主観が介在することである。「SROI 評価」では，事業において提供された一つの「アウトプット」から，複数の「アウトカム」が設定され，さらにそれと一対

で「インパクト」が設定されて，その合計額が算出される。このプロセスでは，「アウトプット」に対する複数の「アウトカム」の設定に主観が入るため，測定値の正確性に問題が生じる。一部の「アウトカム」が抜けていたり，逆に適切でないものが含まれていたりする場合，「インパクト」価額が正確となりにくい。

　また，"幸福度の向上"といった無形の便益につき，これを貨幣価値換算の対象とすることにも問題がある。上述のとおり，「アウトカム」の価額は，"・・・ができた"と回答した人数，即ち「指標」の数に，財務プロキシを乗じることで算出される。しかしアンケートにおいて，「できた／できない」の二択であるなどスケールが少なければ，正確な人数を把握できない。さらに，スケールの何段階目までを「・・・した」とカウントするかは，評価者の主観に拠ることになる。この様な，客観性が十分と言えない「指標」に基づいて「アウトカム」を算出する方法では，科学的であっても，その正確性に問題が出てくる。

　次に，財務プロキシに「平均総費用」を用いることにつき問題が生じる。「アウトカム」価額算出のパラメタである財務プロキシには，NPOのサービスを受けなかった場合に必要となる，診察・カウンセラー料，会費などが設定される。そして通常，それらの価額には，変動費と固定費の両方が含まれている。例えば診察料につき，変動費には薬・診察・受益者移動のコストがあり，固定費には給与・減価償却費などが入っている。ところが，NPO活動によって削減できるのは，変動費の部分に限られる。この時に，固定費を財務プロキシに含めてしまうと，「インパクト」値が多めに算出されることになる。

　また，ボランティア活動から生じる「インパクト」の算出において，財務プロキシの価額決定に問題が生じる。財務プロキシに人件費を用いる場合，当該額は本来"0円"としなければならない。そこで，ボランティア活動の「インパクト」を算出する際，代替案として，ボランティア従事者の機会費用を用いる方法（機会費用法）と，専門家の給与を用いる方法（代替費用法）が想定できる。しかし前者では，ボランティア従事者が得ている本職の給与額如何により，財務プロキシの価額が異なる。また後者では，ボランティアと専門家とで，労働

単価が乖離していることが問題となる。とくに後者の場合，ボランティア従事者と専門家とで，活動のパフォーマンスに大きな差がある場合，専門家の給与を財務プロキシに用いれば，社会に生じた“変化”である「インパクト」値を正確に捉えることができない。

以上より，「SROI評価」において算出される「インパクト」値に含まれる問題点は，次の三点に要約することができる。

・「アウトプット」から生じる「アウトカム」のピックアップに主観が介在する。
・アンケート・スケールの設定に主観が介在し，「指標」値が正確でなくなる。
・財務プロキシに用いられる会費や診察料に固定費が含まれていれば，「インパクト」値が多めに算出される。
・ボランティア活動から生じる「インパクト」の算出において，財務プロキシの金額設定は困難である。

3 ── 「費用便益分析」理論に基づく「便益」の算出プロセス

以上により，NPOの活動成果を貨幣価額で表した「インパクト」値につき，そこに含まれる問題点が示された。本節では，「インパクト」値の更なる本質を理解するため，当該算出の理論基礎である「費用便益分析」（以下，CBA）における「便益」（ここでは「アウトカム」・「インパクト」と同義と考える）の概念，およびその算出プロセスを説明する。

CBAにおいて，政府の政策（NPOでは「事業」）が実施されて生じる「便益」の測定は，政策を実施した場合（Withケース）と，実施しなかった場合（Withoutケース）のそれぞれにつき，政策の需要者が直面する「価格」と「需要量」を予測することから始める[3]。

周知のとおり，経済学の理論によれば，供給曲線と需要曲線の交点から「価格」と「需要量」が決定される（詳しくは第5章参照）。このうち供給曲線については，

限界費用曲線（MC）であり，実務的にはその設定が難しいと言われている[4]。
そこでCBAでは，代替的方法として，受益者が負担するコスト，即ち時間費用・
燃料費・通行料金・疲労などにつき，これを「一般化費用」と称し，図表 7 - 1
のとおり，横軸と平行な供給曲線と見なしている（金本他［2006］，39 頁）。

　高速道路事業を例にとると，With ケースによれば，燃料・タイヤ交換・車両
修繕など物理的コストが削減されるし，移動時間短縮，疲労低下を期待するこ
ともできる（同上，39 頁）。つまり政策の効果によって，需要者が負担する「一
般化費用」が低下するのである[5]。そこで，With ケースと Without ケースの「一
般化費用」をそれぞれ測定することで，供給曲線の下方シフトに見立てられる
（同上，39 頁）。

　図表 7 - 1 では，政策の実施に伴って，需要者が負担する「一般化費用」が，
p^B から p^A に低下するケースが示されている（同上，40 頁）。

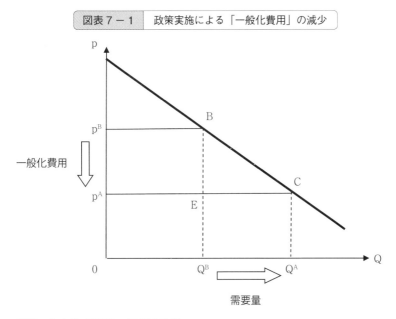

図表 7 - 1　政策実施による「一般化費用」の減少

出所：金本他［2006］，40 頁を参照。

　そして次には，Without ケースと With ケースのそれぞれにおいて，政策の受益者（需要者）が直面する需要量の変化が予測される（同上，40頁）。図表7－1において，道路投資を行わない Without ケースがB点で，投資を行う With ケースがC点である。実際には，政策を実行しないケースのB点と，政策を実行するケースのC点とを予測し，その間が直線であると仮定される[6]。この場合，社会的余剰の増加は□$p^B BC p^A$の面積であるため，便益（B）の価額は，次の式によって計算することができる（同上，40-41頁）。

$$B = \frac{1}{2} (p^B - p^A) (Q^A + Q^B)$$

　ただしここで，将来の需要予測には誤差が生じる可能性が高いため，次善の策として，需要量が現状維持であると仮定して「便益」を測定することが推奨されている（同上，41頁）。この場合，便益（B）の増加額は，図表7－1の□$p^B BE p^A$の面積であり，下限値としての性質を持った保守的な価額となる（同上，41頁）。これは，次の式によって計算することができる（同上，41頁）。

$$B = (p^B - p^A) Q^B$$

　したがって CBA において，簡便で実行可能性を重視した「便益」とは，「一般化費用」の減少額に，需要量の予測値を乗じた価額である。

　この考え方を，NPO の「インパクト」値に当てはめると，需要量は「指標」の数に等しく，また「一般化費用」の減少額は「財務プロキシ」と等価になる。NPO の活動によって診察・カウンセリングなどのコストが不要となるため，これを「一般化費用」の減少額と見なすのである。そこで，それに「指標」の数を乗じることによって，「インパクト」値が算出される。

4 ── CBA 理論に忠実な「事務事業」の「インパクト」値

　以上の考察により，まず，NPO 活動の成果である「インパクト」値に含まれる三点の問題点が示され，次に「インパクト」値算出の理論基礎である

CBA の概要が説明された。これらを踏まえて本節では，NPO と同様，小規模予算で実施される「事務事業」の「アウトカム」・「インパクト」値が如何なるものであるべきかを考察する。三つの問題点の一定程度の克服ができ，かつ CBA 理論に忠実となる「事務事業」の「インパクト」値を，演繹的に導出していく。

4.1　客観性が確保された「インパクト」値の算出

4.1.1　問題点の確認

本章の第 2 節において，NPO 活動の「インパクト」値に対し，客観性および正確性の問題が示された。

当該価額は，アンケート等によって "幸福と感じた人数"（これが「指標」となる）をカウントし，これに財務プロキシである「診察・カウンセリング料」や「年会費」などを乗じて「インパクト」を算出するものである。

しかし，アンケートで "孤独感が解消した" と回答があった場合でも，「解消した／しない」の二択とするなど，スケール数が少なければ，精緻な数を把握するのは難しい。また，複数のスケールが設定されても，何段階目までを "孤立感が解消した" とカウントするかは，評価者の主観に頼らざるを得ない。

この様に，アンケートの結果をパラメタに組み込んだ算出では，正確性・客観性が損なわれる可能性が高い。人々の "幸福感" という無形の社会的便益を貨幣価値換算することは，正確性・客観性の面から問題があると考えられる。

さらに，NPO 活動の「インパクト」値算出においては，事業で提供された一つの「アウトプット」に対し，複数の「アウトカム」が設定される（第 6 章にて説明）。そして各々に「インパクト」が対応し，当該価額が合算される。この時，「アウトプット」から生じる「アウトカム」のピックアップは主観に拠らざるを得ない。そのため，「アウトカム」の合算値に正確性・客観性を持たせるのは困難となる。

4.1.2　CBA 理論が具備する有効機能

　以上に述べた問題を克服するには，個人の主観が介在しない方法による「インパクト」の算出が必要となる。そこで，NPO の「インパクト」値算出の理論基礎が CBA であることに着目する。経済学の領域で導出された理論に忠実な「インパクト」値が算出できれば，価額の正確性・客観性の増幅が期待できる。そのためにまず，CBA が具備する有効機能につきここで明らかにする。

　CBA の実務では，ミクロ経済学の理論から演繹された「便益」の測定方法が既に確立されている。わが国では，国土交通省の道路事業において，新規事業採択時の評価および事後評価が，CBA 理論に依拠して実施される（国土交通省 [2022]，1 頁）。

　同省が作成・公表した「費用便益分析マニュアル」で示された，道路事業の「便益」（ここでは「アウトカム」・「インパクト」と同義と考える）についてまとめると，図表 7 - 2 に示すとおりである。

　図表では，道路事業から生じる「便益」につき，「走行時間短縮」[7]，「走行経費減少」[8]，「交通事故減少」が措定されている。元々この三つは，道路事業の

| 図表 7 - 2 | 「費用便益分析マニュアル」に示される道路事業の便益と算出式 |

便　　益	便益の内容	便益の算出式（要約）
走行時間 短縮便益	・走行時間短縮により生じる社会的便益	・{（道路別・車種別の交通量）×（道路別・車種別の走行時間）×（車種別の時間価値原単位）}の減少額
走行経費 減少便益	・走行経費減少により生じる社会的便益	・{（道路別・車種別の交通量）×（整備道路の距離）×（車種別の走行経費原単位）}の減少額
交通事故 減少便益	・交通事故減少により生じる社会的便益	・交通事故による人的損害額・物的損害額・事故渋滞損害額の合計

出所：国土交通省 [2022]，7-12 頁を参照して作成。

実質的な「目的」であり，期待される「アウトカム」である。そして当然に，これらの「目的」を達成する「手段」は道路事業であり，即ちこれが「アウトプット」である。つまり，「目的－手段」の相互関係の中で，「アウトプット」と「アウトカム」が紐づいている。CBAでは，この様な関係性を持った「アウトカム」がピックアップされ，その達成手段たる「アウトプット」の供給曲線と需要曲線が設定され，そこから理論性を持った「アウトカム」の貨幣価額が算出される。

　そこで，こうした関係性と理論性を勘案すれば，上記で示した，「アウトカム」のピックアップの非客観性の問題を減衰させることが可能となる。NPOにせよ政府にせよ，活動の「手段」は「アウトプット」をもたらす公共的事業であり，その「目的」である「アウトカム」には，医療・介護・カウンセリング機関の利用回数の減少，就業者の増加，犯罪数の減少，学力の向上などが特定できる。またCBAでは，本来，計算式を構成するパラメタの数値にも，一定の客観性が存在する。図表7－2で示された「便益」の算出式を見ると，各パラメタは，公共機関など信頼性の高い機関が算出した統計データや，科学的根拠のある数値で構成されている。そこには，アンケート結果に基づく数値など，人間の主観が入り込む余地が少ない。したがって，「インパクト」算出において，CBA本来の枠組みが援用されれば，算出額の恣意性，即ち非正確性・非客観性の問題を克服することが可能となる。

4.1.3　CBA理論に忠実なNPO活動の「インパクト」値の算出

　そこで以上の考察結果に基づき，改めてCBA理論に忠実なNPO活動の「インパクト」値について考える。

　NPOの場合，活動の「手段」であり「アウトプット」には，福祉的活動，環境的活動，イベント・講習会の実施などが挙げられる。そして，代表的な活動の「目的」である「アウトカム」および「インパクト」には，"問題を抱えた人へのサポート"，"環境の改善"，"孤独感の解消"などが設定できる。

　しかし，"抱えた問題が解消したと感じた人数"，"環境が改善したと感じた人

数”,“孤独感が解消したと感じた人数”を「指標」としても，既に指摘された
とおり，アンケートの設定スケール，およびどのレベルまでをカウントするか
につき主観が含まれてしまう。これに財務プロキシ（診察・カウンセリング料など
専門家に支払う金額）を乗じて算出された「インパクト」価額では，正確性・客
観性のレベルが低い可能性がある。

　ここで，「インパクト」の本質に立ち返ると，それは長期的活動の結果として，
組織やコミュニティに生じる“変化”である。NPO活動の実際的な「目的」は，
“・・・が解消されて診察・カウンセリング・相談が減少すること”などであり，
その「手段」が上に挙げた諸活動である。この時「指標」には，諸活動の「目的」
である“診察・カウンセリング・相談の減少数”が設定され，財務プロキシには，
従前どおり“診察・カウンセリング・相談料”が設定される。

　さらに，この活動で生じる別の「インパクト」として，“・・・が解消されて
当該充当時間が短縮される”が設定できる。この時，当該時間を労働に充当で
きるので，“減少した充当時間”を「指標」とし，“賃金単価”を財務プロキシ
に設定すれば，その「インパクト」が算出される。

4.1.4　CBA理論に忠実な事務事業の「インパクト」値の算出

　そして，NPOと同様に予算規模が小さい，政府の「事務事業」でも，利用者（主
に住民）に生じたプラスの“変化”が「アウトカム」・「インパクト」となる。そ
こで当該算出のための「指標」として，「アウトプット」という「手段」をとる
ことの「目的」を設定する方法がある。

　この「目的」には，“・・・が一定のレベルに向上”，“受診・カウンセリング・
相談の減少”，“利用者の増加”などが挙げられる。そして「指標」として，「目的」
の“向上”，“減少”，“増加”の数が設定できる。また財務プロキシには，そのサー
ビスが無かった場合に利用者が支払う費用が設定される。これは，CBAにおけ
る「一般化費用」の減少額に相当する。そこで，「指標」の数値に「財務プロキシ」
の数値を乗じることで，CBA理論に忠実な「アウトカム」・「インパクト」が測
定できる。

　このように，CBA の枠組みに沿い，活動の「目的」と「手段」の関係性を明確にできれば，正確性・客観性に優れた「インパクト」値の算出が可能となる。活動という「手段」をとる「目的」とは，社会における"便益の増加"である。この"変化"をできるだけ具体化することで，「指標」の数がまず確定する[9]。そしてこれに，需要者負担の軽減額（単価）とも言える「財務プロキシ」＝「一般化費用の減少額」を乗じることで，CBA 理論に依拠した「アウトカム」・「インパクト」値が算出される[10]。これにより，無形アウトカムの貨幣価値換算の問題を克服または減衰することが可能となる。

4.2　財務プロキシから固定費を除いた「インパクト」値算出

　上記の第 2 節では，「インパクト」価額の算出において，財務プロキシに「平均総費用」を用いることの問題点が指摘された。

　「SROI 評価」において，活動の「アウトカム」の価額は，"・・・が達成できた"と確認できた数（即ち指標）に対し，財務プロキシを乗じて算出される。財務プロキシには，受診・カウンセラー料，会費など，当該サービスを受けなかったときに要するコストが設定される。これは CBA 理論において，「一般化費用」の減少額でもある。

　そして，財務プロキシの価額には，変動費と固定費が含まれている。しかし，サービス提供によって価額の削減ができるのは，ほとんど変動費の部分に限られる。この時に，人件費や減価償却費などの固定費を含む「平均総費用」を財務プロキシにすれば，「アウトカム」値，およびこれを調整して算出される「インパクト」値が多めに算出されることになる。

　そこで，この様な問題点を解消するには，あらかじめ固定費分を差し引いた価額を推算し，これを財務プロキシとすべきである。こうした措置は，NPO の活動，政府の「事務事業」を問わず，その「アウトカム」・「インパクト」の算出において必要となる。

4.3 ボランティア活動の「インパクト」値の客観化

　第2節において，ボランティア活動の「インパクト」算出につき，財務プロキシの金額設定が困難となる問題が示された。当該活動は，主にNPO法人によって実施されるが，その財源には，政府事業の一環として補助金を充てることが多い。そこで以下では，政府の「事務事業」の一部であるボランティア活動の上記問題を考える。

　ボランティア活動により，サービス利用者の“幸福度”が向上した場合，「SROI評価」における「インパクト」値の測定においては，当該従事者の人件費が「財務プロキシ」に設定される場合がある（Arvidson *et al*.［2012］, p.10）。本来であれば“0円”である人件費を「財務プロキシ」とし，活動の「インパクト」値が算出される。

　この人件費につき，「SROI評価」の実務では，ボランティア従事者の機会費用を用いる方法（機会費用法）と，専門家の給与を用いる方法（代替費用法）がある。しかし前者では，ボランティア従事者が得ている本職の給与額如何により，財務プロキシの価額が異なる。また後者では，ボランティアと専門家で，労働単価が乖離している可能性が高い。

　この様な問題を解消するため，ここではCBAの枠組みに依拠して考える。ボランティア活動によって社会に“変化”が生じると，社会において「便益」が生じる。CBAではこの価額につき，「一般化費用」（上記3.1で説明）の減少額に需要量を乗じて算出する。

　ここで，受益者側の“変化”としては，専門機関を利用して支払う料金の減少が想定できる。そこで，利用減少数を「指標」とすることができる。また，「財務プロキシ」にその料金が設定できる。CBAではこれが「一般化費用」の減少額である。そして「指標」の数を「財務プロキシ」の金額で乗じれば，CBAに依拠した「アウトカム」・「インパクト」の価額が算出される。

　さらに，ボランティア活動の場合には，政府側でも「インパクト」が生じている。それは，ボランティアが無ければ政府が業者に支払うコスト，もしくは受益者の医療機関通院回数の減少に伴う医療保険料負担削減額である。これら

の価額は政府収入と見なすことができるため [11]，「インパクト」の価額に含める
のが妥当と言える。

　この様に，CBA の枠組みを踏まえた「指標」と「財務プロキシ」を設定する
ことにより，ボランティアの機会費用や専門家の給与額を代替的に用いずとも，
客観的な「インパクト」を算出することが可能となる。

5 ── おわりに（考察の結論）

　以上のとおり本章では，NPO が実施する「インパクト」値に含まれる問題点
を明確にし，次に，「インパクト」値算出の基盤理論である CBA につき，その
概要が説明された。そしてそれらを踏まえながら，CBA 理論に忠実な政府の「事
務事業」の「インパクト」値が如何なるものであるかが明らかにされた。当該
値算出の要諦は，次のとおりである。

- ・「目的 − 手段」の相互関係の中で，「手段」としての「アウトプット」と「目
  的」としての「アウトカム」の関係性を斟酌し，「アウトカム」をピックア
  ップする。
- ・活動という「手段」をとる「目的」とは，社会における“「便益」の増加”
  である。この“変化”をできるだけ具体化することで，「指標」がまず確定
  する。これに，需要者負担の軽減額（単価）であり，「一般化費用」の減少
  額である「財務プロキシ」を乗じることで，CBA 理論に依拠した「アウト
  カム」・「インパクト」値が算出される。
- ・財務プロキシに固定的費用が含まれる場合，これを勘案すれば，一層客観
  的な「インパクト」算出が可能となる。
- ・ボランティア活動の「インパクト」価額につき，専門機関利用の減少数
  を「指標」とし，これに「財務プロキシ」である当該料金を乗じることで，
  CBA に依拠した「アウトカム」・「インパクト」の価額が算出される。

　以上のような，CBA 理論に依拠した方法をとることにより，NPO と同じく予

算が小規模な，政府の「事務事業」においても，正確性・客観性のある「アウトカム」・「インパクト」値の測定が可能になると考えられる。

【注】

1）令和4年の「政策評価審議会」において，「有効性」の観点を重視して政策の効果等を把握・分析すべきと提言されている（「デジタル時代にふさわしい政策形成・評価の実現のための具体的な方策に関する答申（令和4年12月）」）。

2）内閣官房行政改革推進本部［2022］，75頁。そこにおいては，「CBA」ではなく「前後比較」と記され，"政策実施前後の受益者の「アウトカム」を比較することで政策の効果を測定する方法"と説明されている。CBAにおける「便益」とは，"政策を実施しない時に対する実施した時の政策効果の増加分"であるため，「前後比較」と「CBA」が同義であるとここでは解している。

3）需要者が直面する「価格」については，WithケースとWithoutケースにおける財・サービスの品質の差を，実質的な価格の差に変換する方法で測定される。ただしここでは，政策実施後と実行前を比較するのではなく，あくまで同じ時点において，実行したケースと実行しなかったケースを比較することに注意する必要がある。以上の点は，金本他［2006］，38頁参照。

4）金本他［2006］，39頁参照。また，第5章・補論において，供給曲線の導出プロセスが示されている。

5）ただし，スピードアップによる"1分間"の時間短縮がどれだけ「一般化費用」を減額させるかにつき，これを適切に設定するのは非常に難しいと考えられている（金本他［2006］，39頁）。

6）この時，需要曲線の位置と形状を推定できればそれが望ましいが，これに必要なデータが不足していることが多いため，実際には，政策を実行しないケースのB点と政策を実行するケースC点を予測し，その間を直線と仮定する場合が多い（金本他［2006］，40頁）。

7）車種別の時間価値原単位は，円／分・台で示される。費用便益分析マニュアルでは，乗用車41.02円，バス386.16円，乗用車類46.54円，小型貨物車52.94円，普通貨物車76.94円とされている（令和2年価格）。

8）走行経費には，燃料費，オイル費，タイヤ・チューブ費，車両整備費，車両償却費が含まれている（国土交通省［2022］，9頁）。

9）ここで，「指標」の数値は需要量を表すが，需要曲線の導出が難しいことから，CBA

の実務では，需要関数が垂直で，政策実施後も需要が増えないことを前提とする場合がある。この点は，交通工学研究会［2008］，59-61 頁参照。

10) 通常，「インプット」の投入により，「アウトカム」の発現は複数年に及ぶ。各年度の当該価額を割引計算して合算したものが「インパクト」値となる。事後評価における表示においては，このことを勘案する必要がある。

11) 社会的余剰には，消費者余剰，生産者余剰のほか，政府収入も含まれている。詳しくは金本他［2006］，36-38 参照。

「費用便益分析」に含まれる制約事項

　第7章の考察により，「費用便益分析」（以下，CBA）の理論に忠実な，政府「事務事業」の「アウトカム」・「インパクト」（以下，「インパクト」）の算出方法が説明された。ここでは補論として，CBA理論により算出される「便益」（ここでは「インパクト」と同義と考える）の本質を把握するため，測定値に含まれる制約事項の確認をする。

1 ── 制約事項①
準線形効用関数を前提とする「インパクト」値

　まず，CBA理論に基づき算出される「インパクト」値につき，「準線形効用関数」という，特殊な効用関数を前提とすることから生じる制約事項を，交通工学研究会［2008］を参照して明らかにする（本節では，交通工学研究会［2008］からの引用についてはページ番号のみを記す）。

1.1　CBA理論より導出される"消費者余剰減少分"
　CBA理論において，図表補論7−1のように，需要量（図では横軸）と価格（図では縦軸）の需要関数が設定される（15頁）。
　市場において，財 x_1 と財 x_2 が存在するものとし，財 x_2 の価格 P_2 と，予算制約 I は変わらないとすれば，財 x_1 の価格 P_1 の変化に応じて，x_1 の需要量は変化する。元々の予算制約線（$I = x_1 P_1 + x_2 P_2$）を前提に，P_1 が増加（即ち財 x_1 の価格上昇）すれば，効用曲線 $U = (x_1, x_2)$ と予算制約線（$I = x_1 P_1 + x_2 P_2$）の交点においても，x_1 の数値は減少する。

　この様に，財 x_2 の価格 P_2 および予算制約 I が変わらないという前提のもとで，x_1 の価格 P_1 の変化に対応した x_1 の需要量 D_1 の変化は，"マーシャルの需要関数"として，$x_1 = D_1 (P_1, \bar{P}_2, \bar{I})$ と表すことができる（20頁）。さらにここで，逆関数として $P_1 = P_1 (x_1, \bar{P}_2, \bar{I})$ を設定すれば，需要量 x_1 に対応した支払意思額として価格 P_1 が導出される（31頁）。したがって，x_1 と P_1 の関数は，需要関数 $D = D (P)$ として表すことができる。

　そして以上の考え方を，政府による道路投資事業に当てはめてみる。需要量 D は，特定の路線の交通量とされ，価格 P は，燃料費，時間費，通行料金，疲労など，利用者が道路を使うにあたって自ら私的に意識するコストをすべて合計したものと考えられる（15-16頁）。つまり CBA では，価格 P（需要曲線の縦軸）の高さにつき，これは需要者が支払っても良いと思っている価格であり，"支払い意思額"と見ることができる（31頁）。道路投資が行われると，需要者にとっては当該価格を下げることができ，需要量が増加するので，需要曲線は，図表補論 7 － 1 の様に右下がりとなる（32-33頁）。

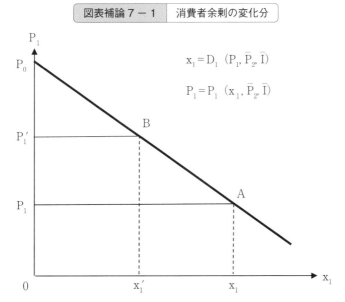

図表補論 7 － 1　消費者余剰の変化分

$$x_1 = D_1 (P_1, \bar{P}_2, \bar{I})$$

$$P_1 = P_1 (x_1, \bar{P}_2, \bar{I})$$

出所：交通工学研究会［2008］，31頁。

そこで，需要量の変化（$x_1 \rightarrow x_1'$）による "消費者余剰減少分"（ここでは△CSとする）は，図表補論7－1の□$P_1'BAP_1$であり，次の様に表すことができる（32頁）。

$$\triangle CS = \int_{P_1}^{P_1'} D_1 \ (P_1, \ \bar{P_2}, \ \bar{I}) \ dP_1 = P_1'BAP_1$$

1.2 消費者余剰減少分・補償変分・等価変分の関係性

次に，「ヒックスの需要関数」を設定する。これは，次のように定義されている[1]。

$$x_1 = D_1' \ (P_1, P_2, \bar{U})$$
$$x_2 = D_2' \ (P_1, P_2, \bar{U})$$

そしてこれをもとにすれば，「支出関数」が次の様に定義できる（29頁）。

$$P_1x_1 + P_2x_2 = P_1D_1' \ (P_1, P_2, \bar{U}) + P_2D_2' \ (P_1, P_2, \bar{U})$$
$$= E \ (P_1, P_2, \bar{U})$$

この関数は，価格 P_1 および P_2 と，効用 U $(x_1, x_2) = \bar{U}$ の値によって，最小の支出が一意に決まることを示している（29頁）。

ここで，「補償変分」（一方の価格上昇後もその前と同じ効果が得られるように実質的な所得の減少を補填するため与えられるもの）を CV ＝ I＊－I，「等価変分」（価格上昇後と同一の効果となるように実質的に所得を低下させるため取り去るもの）を EV ＝ I－I^0 とすると，I ＝ E $(P_1, P_2, U) = E \ (P_1', P_2, U')$ およびシェパードの補題 $\left(\dfrac{\partial E}{\partial P_1} = D_1'(P_1, P_2, U) \right)$ より，次の式が導かれる（32-33頁）。

$$CV = I* - I = E \ (P_1', P_2, U) - E \ (P_1', P_2, U')$$
$$= E \ (P_1', P_2, U) - E \ (P_1, P_2, U)$$
$$= \int_{P1}^{P1'} D_1' \ (P_1, P_2, U) \ dP_1$$
$$EV = I - I^0 = E \ (P_1, P_2, U) - E \ (P_1, P_2, U')$$
$$= E \ (P_1', P_2, U') - E \ (P_1, P_2, U')$$
$$= \int_{P1}^{P1'} D_1' \ (P_1, P_2, U') \ dP_1$$

　そして，図表補論 7 - 2 において，CV は ca に対応し，EV は bd に対応している（34 頁）。したがって，効用の変化を貨幣で表現した，CV（補償変分），EV（等価変分），$\triangle$ CS（消費者余剰の減少分）の三つの関係は，次のようになる（34 頁）。

$$EV < \triangle CS < CV$$

　しかし，価格の変化に起因する需要量の変化による効用の変化，即ち $\triangle U = U - U'$ を貨幣表示するならば，需要量の変化について考えられる経路（図表補論 7 - 2 の a→c→b と a→d→b の二つの経路）に依存するべきではない（34 頁）。

　そこで，効用の変化を貨幣価額で示す CV，$\triangle$ CS，EV につき，以下の式が成立することが望ましい（34 頁）。

$$EV = \triangle CS = CV$$

　これは，価格の変化による需要量の変化において，"所得効果がゼロ"であることを要求していることと同じになる（34 頁）。効用の変化を貨幣の変化で表

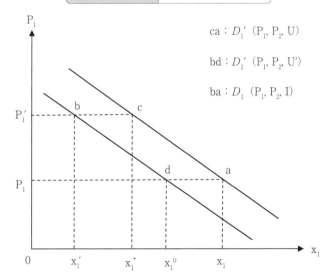

図表補論 7 - 2　効用変化の貨幣表示

ca：D_1'（P_1, P_2, U）

bd：D_1'（P_1, P_2, U'）

ba：D_1（P_1, P_2, I）

出所：交通工学研究会 ［2008］，33 頁。

現（効用の変化をマーシャルの需要関数による消費者余剰の変化で表現）するためには，価格の変化（$P_1 \rightarrow P_1'$）に起因する需要量の変化（$x_1 \rightarrow x_1'$）が，"所得効果がゼロ"で代替効果のみで説明できることが一つの条件となる（34-35頁）。

1.3　所得効果がゼロとなる「準線形効用関数」

そこで，所得効果がゼロとなるような関数を考えると，下式の様な「準線形効用関数」を設定することができる（36頁）。

$$U\ (x_1, x_2) = x_2 + v\ (x_1)$$

これより，$\dfrac{\partial U}{\partial x_1} = \dfrac{dv}{dx_1}$ および $\dfrac{\partial U}{\partial x_2} = 1$ が得られ，図表補論 7 - 3（上）の様な準線形効用関数が得られる（36頁）。

また，同一の無差別曲線上では効用の全変化量はゼロである。そこで，全微分がゼロ，即ち $dU=0$ となるので，次の式が得られる。

$$dU\ = \ \frac{\partial U}{\partial x_1}\ dx_1 + \frac{\partial U}{\partial x_2}\ dx_2 = \frac{dv}{dx_1}\ dx_1 + dx_2 = 0$$

$$\therefore\ -\frac{dx_2}{dx_1} = \frac{dv}{dx_1}$$

また，特定のラグランジュ関数（詳しくは37頁）から，この式は，予算制約線の傾き（P_1 / P_2）と一致する（38頁）。これは，限界代替率 $-\dfrac{dx_2}{dx_1}$ が，無差別曲線群上のどの点においても x_2 には依存せず，x_1 のみの関数であることを意味している（36頁）。そこで，準線形効用関数の無差別曲線群を図示すると，図表補論 7 - 3（下）のようになる（35頁）。この図より，準線形効用関数では，"所得効果がゼロ"であることが明らかとなる（36頁）。これは，所得が増加しても，その財に対する需要量は変化しないことを示している（39頁）。

そこで，道路交通サービスの場合には，所得の変動に応じてその需要量が大きく変動することは通常考えにくいので，準線形効用関数を前提にしても特段の問題は生じないと考えられる（39頁）。しかし「事務事業」は予算規模が小さく，

図表補論 7 － 3	準線形効用関数とその無差別曲線群

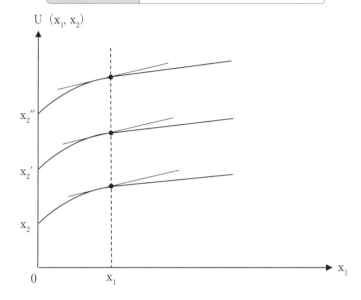

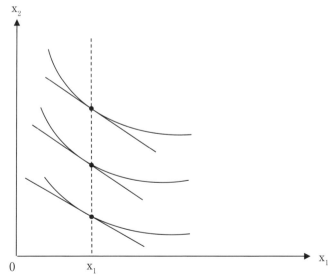

出所：交通工学研究会［2008］，35 頁。

場合によっては「便益」の測定に影響を与えるという制約が存在する。

2 ── 制約事項②
需要量の現状維持を前提に算出する「インパクト値」

　また，CBA 理論に基づいて算出される「便益」（「インパクト」と同義）につき，政策実施による受益者の需要増加の予測の困難さに起因する制約がある。

　第 7 章の図表 7 - 1 で説明されたとおり，政策が実施されることで，需要者が負担する「一般化費用」が低下していく。高速道路事業では，道路投資を行う With ケースにより，燃料・タイヤ交換・車両修繕コスト削減，移動時間短縮，疲労低下が生じ，「一般化費用」が減少する。そこで，With ケースと，道路投資を行わない Without ケースにつき，「一般化費用」をそれぞれ測定することで，当該金額の下方シフト（即ち供給曲線の下方シフト）が把握される（金本他 [2006]，39 頁）。

　次に，Without ケースと With ケースのそれぞれにおいて，需要者が直面する需要量の変化を予測する（同上，40 頁）。第 7 章の図表 7 - 1 を見ると，Without ケースの B 点と，With ケースの C 点とを予測し，その間を直線であると仮定する。この場合，社会的余剰の増加は□ $p^B BCp^A$ の面積であり，便益 B の価額は，次の式によって計算される（同上，40-41 頁）。

$$B = \frac{1}{2}(p^B - p^A)\ (Q^A + Q^B)$$

　ただし，将来の需要予測を正確に測定するのが困難であるため，需要量が現状維持であると仮定する方法が推奨されている（同上，41 頁）。この場合，便益である社会的余剰の増加額 B は，第 7 章・図表 7 - 1 の□ $p^B BEp^A$ の面積であり，次の式によってこれを計算することができる（同上，41 頁）。

$$B = (p^B - p^A)\ Q^B$$

　この式から算出される「便益」の価額は，下限値としての性質を持った，保

守的な価額となる（同上，41 頁）。したがって，受益者の需要予測が困難であることに起因して，「インパクト」価額の正確性に制約が生じることになる。

3 ── 制約事項③
政府支出額が含まれた生産者余剰に基づき
算出されるインパクト値

　最後に，CBA 理論において算出される「便益」（「インパクト」と同義）につき，その価額に固定費（政府支出額）が含まれていることが，価額の正確性に影響を及ぼす。

　第 5 章・第 5 節で説明されたとおり，供給者の支出につき，CBA では，社会資本形成のための固定費（FC）として捉えられる（交通工学研究会 [2008]，49-50 頁）。具体的には，建設費（事業費）と維持補修費を合わせた価額が「費用」となる[2]。つまり，CBA において「費用」は，社会資本を形成および維持するための政府支出価額とされる。

　ここで，政府が獲得する利潤を π とすれば，CBA では，次の式が成立している（50 頁）。

$$\pi = 収入（Py）－（固定費（FC）＋可変費（VC））$$
$$生産者余剰 = 収入（Py）－社会的費用（SC）$$
$$= 収入（Py）－可変費（VC）$$
$$= \pi ＋固定費（FC）$$
$$社会的余剰（B）＝消費者余剰＋\pi＋固定費（FC）$$
$$費用（C）＝固定費（FC）$$

　これを見れば，生産者余剰＝政府利潤（π）とはならず，生産者余剰は，政府利潤（π）と固定費（FC）の和に等しいことがわかる（同上，50 頁）。つまり，生産者余剰の中に，固定費（FC），即ち政府支出額が含まれている。

　そして第 5 章で示されたとおり，CBA における「便益」の価額とは，政策実

施前の社会的余剰額に対する，政策実施後の同価額の増加分である。ところが，当該増加額においては固定費（政府支出額）が含まれている。そのため，生産者余剰を含む「便益」の価額には，政府支出額が含まれることが明らかである。したがって，この様な制約事項が，住民が受ける「インパクト」の価額に内在している。

【注】

1）ヒックスの需要関数の導出プロセスについては，交通工学研究会［2008］，26-28頁を参照。

2）交通工学研究会［2008］，50頁。5章でも説明されたとおり，"維持補修費"については，一見すると可変的費用に思えるが，交通量の影響を受けずほぼ一定に支出されることから，CBAでは固定費（FC）とされている（同上，50頁）。

―― 結 章 ――

研究の結論

　本研究では，わが国府省の「政策評価」制度につき，現況を概観・分析してその有用性を明らかにするとともに，内在する問題点をピックアップして，その解消ができるような実務的枠組み，および具体的な開示情報が明らかにされた。その結論は以下のとおりである（以下，政策／施策／事務事業をまとめて"政策"と記す箇所がある）。

▌ わが国府省「政策評価」制度に内在する二つの問題点

　第2章において，府省「政策評価」における包括的な問題点がピックアップされた。それは次の二つである。

①　政策の「経済性」評価に利用できるのは，歳出の予算および実績額が中心であり，発生主義に基づくコスト情報，およびストック情報が十分でない。

②　政策の「アウトカム」・「インパクト」値は「目標達成度」が中心であり，それに基づく「有効性」評価は"文章"を中心にして行われるため，評価の客観性が十分とは限らない。

▌ 政策の「経済性」評価に有用となる「会計情報」の特定

　まず問題点①につき，政策の「経済性」については，求められる「アウトプ

ット」に対して「インプット」の価額が少なければ，そのレベルが高いと評価される。そして現行では，歳出の予算および実績額の開示に留まっている。そこで第3章および第4章において，政策の「経済性」評価に有用となる「会計情報」の特定が行われた。

第3章では，「政策評価」制度の「基本目的」を明らかにしたうえで，それを達成するのに有用となる「会計情報」につき，当為を"発生費用とストックの情報により精緻に「経済性」を評価すべき"とし，規範演繹的アプローチによって以下の項目が特定された。

・流動負債の総額・固定負債の総額
・費用と収入の差額
・従業員コスト・消耗品費・設備費・サービス・コスト
・議会承認済予算額・支出額

次に第4章では，総務省による，長年の経験・観察から帰納的にまとめられた報告書に基づき，「政策評価」に有用な下記の「会計情報」が特定された。

・人件費／物件費
・社会保障給付のための扶助費・補助金
・固定資産形成等支出

■ 政策の「有効性」評価に有用となる「アウトカム」・「インパクト」値の特定

そして問題点②につき，現行の政策の「有効性」評価は，目標に対する実績の達成度が主たる「アウトカム」・「インパクト」値であり，これをもとに"文章"によって当該評価がされる。そのため，評価が非客観的となりやすいことが第5章で説明された。

そしてこの点に関し，近年一部のNPOでは，経済学の理論である「費用便益分析」を援用して「アウトカム」・「インパクト」が測定されることを，第6章

で説明した。これを受けて第7章では，「費用便益分析」の理論に忠実である「事務事業」の「インパクト」値が如何なるものであるかを明らかにした。演繹された結論は以下のとおりである。

・活動という「手段」をとる「目的」とは，“社会便益の増加”である。この“変化”をできるだけ具体化することで，「指標」がまず確定する。
・そしてこの数値に，需要者負担の軽減額である「財務プロキシ」を乗じることで，CBA理論に依拠した「アウトカム」・「インパクト」値が算出される。

主要参考文献

Arvidson, M., Lyon F., McKay, S., and Moro D.［2012］, "Valuing the Social? The nature and controversies of measuring Social Return on Investment（SROI）", *Voluntary Sector Review* Vol.4, No.1.

Daniel Fujiwara［2015］, *"The Seven Principal Problems of SROI"*, SIMERRICA LTD.

FASAB［1993］, *Objectives of Federal Financial Reporting*, Statement of Federal Financing Accounting Concepts No.1, 藤井秀樹監訳［2003］『GASB/FASAB 公会計の概念フレームワーク』中央経済社。

———［1995］, *Entity and Display*, Statement of Federal Financing Accounting Concepts No.2, 藤井秀樹監訳［2003］『GASB/FASAB 公会計の概念フレームワーク』中央経済社。

GASB［1987］, *Objectives of Financial Reporting*, Concepts Statement No.1 of the Governmental Accounting Standards Board, 藤井秀樹監訳［2003］『GASB/FASAB 公会計の概念フレームワーク』中央経済社。

———［1994］, *Service Efforts and Accomplishments Reporting*, Concepts Statement No.2 of the Governmental Accounting Standards Board, 藤井秀樹監訳［2003］『GASB/FASAB 公会計の概念フレームワーク』中央経済社。

IFA［2012］, *Handbook of International Public Sector Accounting Pronouncements*, IFAC.

IPSASB［2011］IPSAS No.18 *Segment Reporting*, IPSASB.

Joseph E. Stiglitz［2000］, *Economic of the Public Sector*, 藪下史郎訳［2003］『スティグリッツ公共経済学・上』東洋経済社。

OECD［1997］In Search of Results － Performance Management practices － , OECD.

SROI Network［2012］, *A guide to Social Return on Investment*, The SROI Network.

W. K. Kellogg Foundation［2004］, *Logic Model Development Guide*, W. K. Kellogg Foundation.

東　信男［2001］「我が国の政策評価制度の課題と展望」『会計検査研究』No.24。

伊藤　健・玉村雅敏［2015］「社会的投資収益率（SROI）法の発展過程と手法的特徴」『日本評価研究』第 15 巻第 1 号。

小関隆志・馬場英朗［2016］「インパクト評価の概念的整理と SROI の意義」『ノンプロ

　　　　　　　　　　　　　フィット・レビュー』第 16 巻第 1 号。

金本良嗣・蓮池勝人・藤原　徹［2006］『政策評価ミクロモデル』東洋経済新報社。

交通工学研究会［2008］『道路投資の費用便益分析』交通工学研究会。

粉川一郎［2016］「SROI 評価における課題と可能性―埼玉県 NPO 関連事業の評価事例か
　　　　　　ら学ぶ―」『ノンプロフィット・レビュー』第 16 巻第 1 号。

国土交通省［2022］「費用便益分析マニュアル」国土交通省。

行政改革会議［1997］「最終報告」行政改革会議。

桜内文城［2004］『公会計―国家の意思決定とガバナンス』NTT 出版。

政策評価各府省連絡会議［2013］「目標管理型の政策評価の実施に関するガイドライン」。

政策評価審議会［2021］「政策評価審議会提言」政策評価審議会。

―――――――［2022］「デジタル時代にふさわしい政策形成・評価の実現のための具体
　　　　　　的な方策に関する答申」政策評価審議会。

総務省［2007］「新地方公会計制度実務研究会報告書」総務省。

――［2012］「地方公営企業会計制度の見直しについて」総務省。

――［2016］「政策評価の現状と課題」政策評価に関する統一研修資料（平成 28 年），
　　　総務省。

――［2017a］「政策評価 Q & A」総務省。

――［2017b］「政策評価の現状と課題」政策評価に関する統一研修資料（平成 29 年），
　　　総務省。

――［2017c］「政策評価に関する基本方針」総務省。

――［2019］「地方公営企業法の適用にあたって」総務省。

統計改革推進会議［2017］「統計改革推進会議最終取りまとめ」。

徳賀芳弘［2012］「規範的会計研究の方法と貢献」，日本会計研究学会第 71 回全国大会統
　　　　　　一論題報告資料。

内閣官房行政改革推進本部［2022］「EBPM ガイドブック」。

内閣府［2022］「経済財政運営と改革の基本方針 2022」内閣府。

中井　達［2005］『政策評価』ミネルヴァ書房。

南島和久［2020］『政策評価の行政学』晃洋書房。

西村万里子［2016］「社会的インパクト評価の役割と課題」『法学研究』第 101 号。

日本財団［2019］「ロジックモデル作成ガイド」日本財団。

日本総合研究所［1998］『道路投資の評価に関する指針（案）』日本総合研究所。

藤井秀樹［2005］「アメリカ公会計の基礎概念」『産業経理』Vol.64 No.4。

――［2019］「公会計監査における 3E 検査の意義と可能性 ―会計検査院法改正から 20

　　　　年に寄せて―」『会計検査研究』第 60 号。

宮本幸平［2007］『公会計複式簿記の計算構造』中央経済社。

―――――［2013］『政策評価における公会計の機能』税務経理協会。

―――――［2017］『非営利・政府会計テキスト』創成社。

―――――［2021a］「政策評価システムにおける『セグメント会計』情報の有用性と限界」
　　　　『経済論叢』第 194 巻第 4 号。

―――――［2021b］「わが国府省における「政策評価」制度の概要」『神戸学院大学経営学
　　　　論集』第 18 巻第 1 号。

―――――［2022］「わが国府省「政策評価」制度で開示される情報」『神戸学院大学経営学
　　　　論集』第 18 巻第 2 号。

有限責任あずさ監査法人［2012］『新地方公営企業会計の実務ガイド』同文舘。

初出一覧

序　章　　書き下ろし。

第 1 章　　「わが国府省における「政策評価」制度の概要」『神戸学院大学経営学論集』第 18 巻第 1 号，2021 年を加筆修正した。

第 2 章　　「わが国府省「政策評価」制度で開示される情報」『神戸学院大学経営学論集』第 18 巻第 2 号，2022 年を加筆修正した。

第 3 章　　「「政策評価」制度の「基本目的」を達成する会計情報」『會計』第 201 巻第 3 号，2022 年を加筆修正した。

第 4 章　　「「政策評価」に有用となる会計情報の特定―帰納アプローチによる特定―」『會計』第 203 巻第 3 号，2023 年，および「政策評価システムにおける「セグメント会計」情報の有用性と限界」『経済論叢』第 194 巻第 4 号，2021 年を併せ，加筆修正した。

第 4 章　補論　「政策評価システムにおける「セグメント会計」情報の有用性と限界」『経済論叢』第 194 巻第 4 号，2021 年を加筆修正した。

補　章　　「公企業の業績評価における「セグメント会計情報」の有用性」『會計』第 199 巻第 5 号を加筆修正した。

第 5 章　　「政策評価システムにおける「セグメント会計」情報の有用性と限界」『経済論叢』第 194 巻第 4 号，2021 年，および「「政策評価」制度における「有効性」評価の限界」『神戸学院大学経営学論集』第 19 巻第 1 号，2022 年を併せ，加筆修正した。

第 5 章　補論　書き下ろし。

第 6 章　　書き下ろし。

第 7 章　　書き下ろし。

第 7 章　補論　書き下ろし。

索　引

≪著者紹介≫

宮本幸平（みやもと・こうへい）

　1963 年　神戸市生まれ。
　京都大学大学院経済学研究科博士課程修了。
　京都大学博士（経済学）。
　神戸学院大学経営学部教授。
　京都大学公共政策大学院非常勤講師。
　京都大学経済学部非常勤講師。
　非営利法人研究学会理事。会計理論学会理事。日本地域資源開発経営学会理
　事。公益法人会計検定試験委員。元京都府公益認定等審議会委員。

【主要業績】

　『企業不正支出とコーポレートガバナンス』（単著）中央経済社，2002 年。
　『会計学』（単著）名英図書出版協会，2002 年。
　『社会生活と会計』（単著）名英図書出版協会，2002 年。
　『自治体の財務報告と行政評価』（単著）中央経済社，2004 年。
　『公会計複式簿記の計算構造』（単著）中央経済社，2007 年。
　『非営利組織会計テキスト』（単著）創成社，2012 年。
　『政策評価における公会計の機能』（単著）税務経理協会，2013 年。
　「企業会計との統一化を指向した政府会計の表示の妥当性考察」『公会計研究』
　　第 15 巻第 2 号，2014 年。（平成 26 年度国際公会計学会 学会賞受賞）
　『非営利組織会計基準の統一 ―会計基準統一化へのアプローチ―』（単著）森
　　山書店，2015 年。（平成 26 年度会計理論学会 学会賞受賞）
　『非営利・政府会計テキスト』（単著）創成社，2017 年。
　『公正価値会計情報の有用性』（単著）森山書店，2020 年。

（検印省略）

2024 年 1 月 25 日　初版発行　　　　　　　　　　　　略称―政策評価

政策評価におけるインパクト測定の意義

著　者　宮本幸平
発行者　塚田尚寛

発行所　東京都文京区　　**株式会社　創成社**
　　　　春日 2 - 13 - 1

電　話　03（3868）3867　　　F A X　03（5802）6802
出版部　03（3868）3857　　　F A X　03（5802）6801
http://www.books-sosei.com　　振　替　00150-9-191261

定価はカバーに表示してあります。

©2024 Kohei Miyamoto　　　　　　　　　組版：スリーエス　印刷・製本　鳩
ISBN978-4-7944-1589-9　C3034
Printed in Japan　　　　　　　　　　　　落丁・乱丁本はお取り替えいたします。

――――――――簿 記 ・ 会 計 学 選 書――――――――

政策評価におけるインパクト測定の意義	宮 本 幸 平	著	2,500 円
非 営 利 ・ 政 府 会 計 テ キ ス ト	宮 本 幸 平	著	2,000 円
税 務 会 計 論	柳 　 裕 治	編著	2,800 円
企 業 簿 記 論	中 島 真 澄 髙 橋 円 香 柴 野 宏 行	著	2,300 円
ニ ュ ー ス テ ッ プ ア ッ プ 簿 記	大 野 智 弘	編著	2,700 円
基礎から学ぶアカウンティング入門	古 賀 ・ 遠 藤 片 桐 ・ 田 代 松 脇	著	2,600 円
会計・ファイナンスの基礎・基本	島 本 ・ 片 上 粂 井 ・ 引 地 藤 原	著	2,500 円
学 部 生 の た め の 企 業 分 析 テ キ ス ト ― 業界・経営・財務分析の基本 ―	髙 橋 聡 福 川 裕 徳 三 浦 敬	編著	3,200 円
日 本 簿 記 学 説 の 歴 史 探 訪	上 野 清 貴	編著	3,000 円
全 国 経 理 教 育 協 会 公式 簿記会計仕訳ハンドブック	上 野 清 貴 吉 田 智 也	編著	1,200 円
管 理 会 計 っ て 何 だ ろ う ― 町のパン屋さんからトヨタまで ―	香 取 徹	著	1,900 円
原 価 会 計 の 基 礎 と 応 用	望 月 恒 男 細 海 昌 一 郎	編著	3,600 円
工 業 簿 記 ・ 原 価 計 算 の 解 法	中 島 洋 行 薄 井 浩 信	著	2,500 円
コ ン ピ ュ ー タ 会 計 基 礎	河 合 ・ 櫻 井 成 田 ・ 堀 内	著	1,900 円
ゼ ミ ナ ー ル 監 査 論	山 本 貴 啓	著	3,200 円
は じ め て 学 ぶ 国 際 会 計 論	行 待 三 輪	著	1,900 円
私 立 大 学 の 会 計 情 報 を 読 む ― 成 長 の 源 泉 を 求 め て ―	小 藤 康 夫	著	2,000 円

(本体価格)

―――――――――――――――――――――― 創 成 社 ――――――――